꽃밭에서, 53x45.5cm, 한지 아크릴, 2015

Beautiful France
프랑스 10년은 아름다웠다

雨松 김석기
프랑스 몽테송 아트 살롱전 초대작가 W.S KIM

서문당

차례
Contents

PREFACE _ 6

2011 _ 13

동방의 빛 그리고 오방산수 _ 14
나를 화가로 만든 한 장의 그림 _ 20
나를 화가로 만든 한 권의 책 _ 22
인도의 아잔타에서 만난 스승 박생광 _ 24

2012 _ 29

루브르 박물관에서 개인전 _ 30
루브르 박물관(Louvre) _ 36
오르세 미술관(Musee d' Orsay) _ 40
에펠과 에디슨이 만나다 / 에펠탑(Tour Eiffel) _ 44

2013 _ 49

21세기 회화의 새로운 빛과 사랑 _ 50
프랑스 센 강(Seine) _ 58
반 고흐의 무덤 앞에서 명복을 빌다 _ 62
아름다운 쏘(Sceaux) 공원을 걷다 _ 66

2014 _ 71

프랑스 국립살롱전, ART CAPITAL _ 72
프랑스 국립살롱전, S.N.B.A _ 78
오랑주리 미술관(Orangerie Museum)에서 모네를 만나다 _ 86
베르사유에서 마리 앙투아네트를 만나다 _ 90

2015 _ 94

세계 작가들의 로망 ART CAPITAL / 그랑팔레(Grand Plais) _ 96
샤뚜 비엔날레와 몽테송 아트 살롱전 _ 100
로댕의 '지옥의 문' 과 '칼레의 시민상' _ 104
앙투안 부르델(Antoine Bourdelle 1861~1929) _ 108

2016 _ 113

프랑스 몽테송 아트 살롱전 초대작가가 되다 _ 114
Kenny Gallery 초대개인전 _ 120
개선문에서 개선문까지 _ 126
프랑콘 빌의 아틀리에 _ 130

2017 _ 135

BDMC Gallery 초대개인전 _ 136
몽마르트르 언덕을 오르다(Montmartre) _ 142
벼룩시장에서 프랑스 문화를 엿보다 _ 146
퐁피두 예술문화 센터(Centre Georges Pompidou) _ 150

2018 _ 155

파리에서 영원을 꿈꾸며... _ 156
구스타브 모로 미술관(Gustave Moreau 1826~1898) _ 162
색채의 마술사 보나르를 만나다 _ 166
노르망디 상륙작전을 기억하다 _ 170

2019 _ 175

노트르담 대성당의 부활을 위한 기도 _ 176
루브르에서 3인전 _ 180
세잔은 에밀졸라의 죽음 앞에서 울었다 _ 184
빅토르 바자렐리(Victor Vasarely 1906~1997)의 옵틱아트를 만나다 _ 188

2020 _ 193

프랑스 10년 기념전 _ 194
피카소의 마지막 성지 무징(Mougins)을 가다 _ 202
알베르 까뮈 무덤에서 애도하다 _ 206
아트노믹스 갤러리 K 제휴작가가 되다 _ 210

프랑스 10년은 아름다웠다.

2011년 인사동 인사아트 센터의 도불 기념전은 나에게 새로운 인생의 서막을 알리는 이정표였다. 그 후 10년의 세월이 흘렀다. 아주 짧은 순간이었다. 내가 나이 들어가는 노인네라는 것도 잊고 있었다.

2012년 프랑스의 루브르 박물관 까루젤관에서 개인전으로 프랑스의 작품 활동을 시작하였다. 나의 프랑스 생활은 매일 프랑스의 갤러리를 돌아다니는 일이었다. 프랑스의 갤러리들은 다분히 시대별, 장르별, 작품 유형별 작가별로 거의 전문적 갤러리화 되어 있었다. 어떤 갤러리의 큐레이터는 나의 작품을 보고 작업양이 많은 동양 작가라는 칭찬도 아끼지 않았다. 나는 동양미술과 유럽미술의 공통분모가 무엇이며 작가들이 어떤 생각으로 작품에 임하는지 알고 싶었다.

프랑스 파리의 미술관들은 나의 강의실이었고 프랑스의 국립살롱전과 루브르의 아트샵핑은 나의 작품을 발표하는 전시장이었다. 나의 작품 활동은 점점 유럽화 되어 가고 있음을 느끼기 시작하였다. 내 것을 잃지 않는 것이 중요하다는 생각을 여러 차례 하게 되었다. 역사에 남아있는 많은 예술가들의 작품을 만나고 또 그들의 삶을 엿보면서 나의 생활은 점점 글로벌 시대의 풍운아로 변해가고 있었다.

작가와 감상자가 하나가 되어 예술의 지성을 만들고 그 곳에서 축제를 만들며 인생을 즐기는 사람들 곁에 함께 하면서 나는 그들의 예술에 대한 진지함과 끝도 없는 열정을 배웠다.

2016년 3월 프랑스 몽테송 시 미술협회원들이 나의 아틀리에를 방문하였다. 2015년 살롱전에 작품을 출품한 결과였다. 아틀리에 작품들을 심사한 미협 회원들은 2016년 제38회 몽테송 아트 살롱전의 초대작가로 나를 선정하였다. 프랑스인만의 축제에서 외국인을 전시회의 대표작가로 인정하는 첫 사례가 되었다. 몽테송 살롱전 최초의 외국인 초대작가라고 프랑스 작가들도 기뻐하며 축하했다. 프랑스 미술 축제의 주인공이 되었다. 몽테송 시의 시장과 미술협회장과 함께 나의 개인전을 오픈하면서 세계적인 미술 이야기를 나누던 그 순간은 내 생에 최고의 순간이었다.

몽테송 아트센터, A.P 갤러리, Kenny 갤러리에서 동시에 나의 작품 100점이 전시되었다. 몽테송 아트 살롱전의 초대작가가 된 기념전이었다. 내가 프랑스에서 만들 수 있는 최대의 퍼포먼스였다.

언제나 기쁜 일만 있는 것은 아니었다. 웃음 곁에는 슬픔이 함께 존재했다. 프랑스의 총기 난사 사건과 노트르담의 화재 사건의 충격은 너무 큰 것이었다. 나는 프랑스 인들과 함께 슬퍼하고 함께 기도했다.

고흐의 무덤에서 모네의 정원에서 피카소의 동산에서 세잔의 화실에서 그리고 알베르 까뮈의 무덤 앞에서 프랑스 인들과 함께 기도했다.

지나간 10년을 어찌 모두 말로 표현할 수가 있을까 매년 기억나는 일들을 모아 한 권의 책으로 꾸며 보았다.

프랑스 10년을 가족같이 지켜주신 한인회 정춘미 여류회장님께 감사하며, 이 책의 출판을 도와주신 서문당 최석로 사장님께 감사의 말씀을 드린다.

하나님 감사합니다.

지난 프랑스 10년 작품 활동이 한권의 책으로 빛을 보게 하여 주셔서 감사합니다.

2021년 여름 북한산 작업실에서

W.S KIM 과 10년을 동행하며

2012년 루브르의 까루젤관에서 프랑스 작가들과 함께 세계적인 작가들이 모여 전시하는 현장에서 한국 작가 W.S Kim을 처음 만났다. 수묵중심의 추상적인 그림을 그리고 있는 작가는 그렇게 젊게 보이지는 않았지만 그의 그림에 대한 열정은 그 누구보다도 강렬하였고 젊어보였다.

그 후 나는 매년 W.S Kim의 전시회를 볼 수 있었고 전시가 끝나면 그의 작품을 나의 아틀리에로 가져오곤 했다. W.S Kim은 나의 아틀리에에서 재불 한국인과 프랑스인들에게 그림도 지도해 주셨다. 어려움과 고마움이 함께 했던 세월이었다. 그 중에도 2016년 몽테송 아트 살롱전에서 동양인 최초로 W.S Kim이 초대작가로 선정 되었을 때 나는 물론 많은 사람들이 기뻐했다.

이제 W.S Kim이 한국으로 돌아가고 프랑스에 오실 기회가 그리 많지는 않겠지만 어디에 계시든 건강하게 좋은 그림 많이 남기시는 세계적인 작가의 대열에서 자랑스러운 한국인의 모습으로 만나 뵙기를 소망한다.

전 재불 한인여성회 회장 정춘미

Accompagnement de Mr. W.S KIM pendant 10 ans

J'ai rencontré l'artiste coréen Mr. W.S KIM lors de l'exposition internationale du carrousel du Louvre en 2012. Il exposait des œuvres de peinture orientale et il avait une grande passion pour l'art.

Depuis je passe voir ses expositions tous les ans et je garde ses œuvres dans mon atelier après chaque exposions.

Pendant son séjour à Paris il a donné des cours à des artistes françaises et coréennes qui résidaient en France. Ce sont des moments inoubliables !

Le meilleur des évènements s'est produit en 2016 quand il a été choisi comme artiste « invité d'honneur » à Montesson. C'est le premier artiste asiatique qui a été invité avec cette distinction d'invité d'honneur. Quel honneur !

Il est retourné en Corée et je n'ai pas eu le plaisir de découvrir ses œuvres chaque année comme avant, mais Je souhaite qu'il réussisse en tant qu'artiste passionné et engagé dans le monde entier.

Choon Mi CHUNG

Ancienne Présidente de l'Association des Femmes Coréennes en France.

W.S KIM 축하합니다.

프랑스에서 전시할 때마다. W.S Kim 작품 감상했습니다.
항상 열심히 그림 그리는 거 대단히 훌륭했습니다.
프랑스 사람들도 한국인의 서정적인 그림 좋아합니다.
이제 프랑스에 자주 오시지 못한다니 서운합니다.
W.S Kim 좋은 작품 많이 하세요
건강하게 오래오래 좋은 작품 많이 그리세요
프랑스 활동한 책 만드는 일 정말 축하합니다.

아티스트 미쉘

Félicitation W.S KIM !

J'ai eu le plaisir de découvrir vos exposions tous les ans en France.

Vous êtes un artiste passionné et engagé pour la paix et le rapprochement du monde oriental et occidental. Les français apprécient l'art oriental comme expression de bien-être et d'harmonie avec la nature. Continuez à composer des œuvres qui touchent le monde qui passe par un moment difficile.

Je vous souhaite un grand succès en Corée, une longue vie avec une bonne santé. Encore félicitation pour votre livre de dix ans d'exposition en France.

Michel BEAUVAIS
Artiste Française

한국 선생님 W.S KIM 축하해요 !

프랑스에서 만난 한국선생님 W.S Kim 그동안 감사했습니다.

나는 한국의 문화를 사랑하는 까트린입니다.

내가 한국 사진전 할 때 W.S Kim 선생님께서 시청 전시실까지 왔습니다.

우리 집에도 오셨고, 남편과 식사도 같이 했습니다.

한국 문화를 배우는데 많은 도움이 되었습니다.

루브르에서 선생님께서 개인전 할 때 우리 식구들이 모두 가서 축하했습니다.

몽테송에서 초대작가가 되셨을 때 정말 기뻤습니다.

그 때 선생님께서 주신 작품 잘 감상하고 있습니다.

W.S Kim 선생님은 좋은 사람, 재미있는 사람입니다.

W.S Kim은 세계적인 작가입니다.

북한산 선생님 작업실에 갔던 일도 기억합니다.

선생님 건강하세요

프랑스 10년을 정리하는 책 만드는 것 정말 축하합니다.

사진작가 한국문화애호가 까트린

Cher professeur W.S KIM,

Je vous présente toutes mes félicitations pour cet ouvrage qui regroupe vos expériences françaises pendant ces dix dernières années.

Nous avons fait connaissance en France (en 2015) : vous êtes venu chez nous et nous avons partagé un repas tous les trois avec mon époux. J'étais très fière que vous soyez venu jusqu'à la mairie de mon domicile pour voir mon exposition photographique sur la Corée.

J'ai été ravie de vous retrouver à Montesson (en 2016) pour cette exposition où vous étiez l'invité d'honneur. Je continue de profiter tous les jours du tableau que vous m'avez remis à cette occasion. L'année suivante, c'est toute notre famille qui a eu la chance de venir vous féliciter de vives voix lors de votre exposition individuelle au Louvre.

Professeur Kim, vous êtes toujours passionnant et jovial, très ouvert sur le monde et sur les différences de culture et c'est un grand plaisir de vous retrouver tous les ans en France ou en Corée. En particulier, j'ai gardé de très bons souvenirs de notre visite de votre atelier à Bukansan, dans le nord de Séoul lorsque vous nous aviez initiés à la peinture traditionnelle coréenne.

Merci pour tout ce que vous avez fait pour moi jusqu'à présent et en particulier pour votre aide dans ma découverte de votre culture coréenne. Je vous souhaite de rester en bonne santé et espère vous revoir bientôt dès que le Covid aura disparu.

Catherine, toujours passionnée par la culture coréenne,

W.S KIM 최고입니다.

김 선생님 축하해요.

프랑스 생활 마치시고 한국에서 훌륭한 작가생활 하시게 된 거 정말 축하해요.

제가 성균관 대학교 교환학생으로 갔을 때 신경 써 주신 것 잊지 않고 있어요.

그리고 몽테송 초대작가 되셨을 때 몽테송 시장님과 미술협회장님 모시고 통역했던 일 너무 인상적이었어요. 루브르에서 김 선생님과 같이 전시했을 때도 좋았어요.

김 선생님은 세계적인 작가입니다.

앞으로 더 좋은 그림 많이 그리시고 건강 하세요.

프랑스 10년 작품 활동 책 만드시는 것 축하해요.

재불 작가 앙끌레

W.S KIM « Tu es le meilleur ! »

Je vous félicite vous êtes devenu un grand artiste en Corée.

Quand j'étais en Corée comme étudiante dans un programme d'échange universitaire, à l'université de SUNGUNKWAN, vous m'avez beaucoup aidé lors de mon séjour à Seoul.

Mes souvenirs de cette période sont des moments de partage et de grande joie en particulier, lorsque que vous étiez invité d'honneur à Montesson et que j'ai servi comme interprète pour présenter vos œuvres avec la présence du maire de Montesson. Aussi, j'ai exposé mes œuvres au carrousel du Louvre avec vous. Je vous souhaite grand sucés en Corée et mondialement. Encore toutes mes félicitations pour le livre de vos 10 ans d'exposition en France.

Anne Claire
Artiste Française

도불 기념 전시장 2011년

2011

도불기념전

오방산수 한국의 혼(魂)
인사아트센터 / 2011 7.13~7.19

봄, 151x66cm, 한지 아크릴, 2010

동방의 빛 그리고 오방산수

자연 속에는 수많은 아름다운 색채들이 담겨있다. 일일이 이름을 붙이기도 어려운 무궁무진한 초목들의 색채. 하지만 우리들은 오색찬란, 오색영롱, 오색단풍, 오색고명 등 이 무한의 색채를 다섯 색으로 일축하여 말하곤 한다. 동양의 전통 우주철학인 오행설(五行設)에서 오방(五方)과 오채(五彩)가 시작되기 때문이다.

오행 중 토행(土行)은 우주 공간의 중심인 땅을 의미한다. 땅의 색이 누른색이기에 黃色으로 표현하고, 이는 오방의 중심이다. 목행(木行)은 땅 위에 솟아나는 초목들의 색채로, 푸르기에 靑色이다. 새싹이 돋는 출발의 의미이며, 동쪽을 상징한다.

금행(金行)은 금(金)이 빛을 발할 때의 색채이다. 그 빛이 하얗기에

白色이고 서쪽을 의미한다. 화행(火行)은 불의 색, 자연을 모두 불태워 버릴 수 있는 힘을 가지고 있기에 赤色이다. 따뜻한 남쪽을 상징한다. 마지막으로 수행(水行)은 물이 모인 검은색이기에 黑色이고, 북쪽을 상징한다.

오채는 서로 승극(勝剋)의 관계이다. 불은 모든 것을 불태워 버릴 수 있지만, 물 만큼은 이길 수 없다. 불의 색인 적색이 물의 색인 흑색을 이길 수 없는 것이다. 물은 우주의 중심에서 그 힘을 잃는다. 땅의 황색을 이길 수 없는 것이다. 불의 적색은 금의 백색을 불태워 버리지만, 금의 백색은 나무의 청색보다 찬란하게 빛난다. 이러한 오채의 승극관계는 중화의 색, 신비의 색인 소(素)로 인해 만들어지는 것이다. 素는 다른 색들을 중화시키고, 자연의 조화를 이끌어 아름다움을 만들어 낸다. 공자도 이를 색 중에 가장 으뜸의 색이라 했다.

素는 눈으로는 보이지 않는 X-광선과 같다. 그림에서는 백색과 같은 것이다. 백색 역시 중화의 색으로 오채의 조화를 이끌어 그림을 부드럽

봄, 53x45.5cm, 화선지 진채, 2010

여름, 53x45.5cm, 화선지 진채, 2010

게 한다. 백색을 잘 쓴다면 오채가 야하지 않고, 품위 있는 색채감을 표현할 수 있다.

아름다운 그림이 완성되는 것이다. 동양회화가 곧 여백의 예술이라 하는 것이, 이와 무관하지 않다.

한국의 사계를 오방색으로 표현하는 것이야말로 순수한 한국인의 모습일 것이다. 한국의 자연, 그 아름다움을 담아내는 것이 한국작가의 사명이다.

시대가 바뀌면서 회화적 표현 양식도 변화하고 있다. 과거의 사실적 표현은 현재의 보다 단순하고 추상적인 양식으로 바뀌었다.

미래의 한국문화는 전통을 기반으로 한 먹의 유희, 오방색이 춤을 추는 오방산수의 무대가 될 것이다. 한국사람들이 필요로 하는 삶의 에너지가 바로 그 속에 있을 것이다.

가을, 53x45.5cm, 화선지 진채, 2010

겨울, 53x45.5cm, 화선지 진채, 2010

가을, 151x66cm, 한지 아크릴, 2010

Oriental Lights & Five-colored Nature

There are so many colors in the nature. The colors of vegetation that cannot be named. But we orientals put these splendid, lucid, and scarlet-tinted countless nature's colors into five categories. From the traditional oriental philosophy, Yin-Yang and the Five Elements theory, come the five colors and five shades. Among the five elements, earth represents the center of the universe. Earth is expressed in yellow just like the color of the earth and this is the center of five colors. Wood is the color of the vegetation and it is blue. It represents the east where life begins. Metal represents white. It is the color of shining metal and symbolizes the west. Fire is represented as red because it has the power of destroying all the nature and it symbolizes the warm south. Finally water is represented as black and symbolizes the north.

Five shades have conflicting relations with each other. Fire burns everything down, but cannot defeat water. Red, the color of fire cannot beat black, the color of water. Water loses its energy at the center of universe, so black cannot defeat yellow, the color of earth. Red, the color of fire burns white, the color of

겨울, 151x66cm, 한지 아크릴, 2010

metal, but white, the color of metal shines more brilliantly than blue, the color of wood.

These conflicting relations of five shades are made by 'So' (transparent color), the neutralizing and mysterious color. This transparent color neutralizes other colors and creates the beauty from the balance of the nature. Confucius called it the supreme color.

The color 'so' is like invisible X-ray and is expressed as white in the paintings. White is also a neutralizing color and softens the painting as it balances five shades. If we make good use of this white color, five shades can express more refined and not gaudy colors and complete the beautiful painting. When we say that oriental paintings are the art of space, this 'so' is related.

It is genuinely Korean to paint Korean four seasons with five colors of Korea. And it is the mission of Korean painters to depict Korea's nature and beauty. As time changes, the painting styles are also changing. The realistic style of the past is replaced by the simple and abstract style of the present. The future of Korean culture will be a stage for landscape paintings of five colors and ink based on tradition. Right there will be the energy that Korean people need.

나를 화가로 만든 한 장의 그림

국립현대미술관 발간본

심원 조중현의 '雨中驅鴨'

나는 나의 어린 시절을 화가들의 영향력 속에서 보냈다. 가까이 심원 조중현과 고암 이응로가 살고 있던 동네였기 때문이다.

나는 심원이 미술교사로 있었던 중학교 근처에 살고 있었다. 그리고 심원의 아들 병호와 초등학교 같은 학년이었다. 병호 네는 중학교 울타리 안에 있는 관사에서 살고 있었고, 우리 집은 학교 밖이었지만 병호 네와 아주 가까운 곳에 있었다. 학교가 끝나면 나는 병호와 같이 늘 중학교 운동장에서 놀았다.

어느 날 병호가 운동장은 바람이 심하니까 자기 집에 가서 놀자고 하였다. 나는 병호네 집으로 갔다. 병호 어머니께서 반갑게 맞아 주셨다. 나는 병호네 안방에서 놀고 있었는데 병호 어머니께서 '윗방에 들어가면 안 된다' 하고 말씀하셨다. 그리고 간식도 챙겨 주셨다. 그 후로도 병호와 함께 병호네 집에서 놀 때면 꼭 병호 어머니께서는 '윗방에 들어가면 안 된다' 라는 말씀을 하셨다. 윗방에 무엇이 있을까? 호기심이 생기기 시작하였다.

병호네 안방과 윗방 사이에는 미닫이 형식으로 만들어진 장지문 4짝이 있었다. 장지문은 정교하게 만들어지지 않아 마음만 먹으면 들여다 볼 수가 있는 정도의 틈이 있었다. 어느 날 나는 장지문 틈으로 윗방을 들여다 보게 되었다.

문틈으로 윗방을 들여다 보는 순간 나는 깜짝 놀랐다. 이 세상에 이렇게 큰 도화지가 있을 수 있을까? 마주 보이는 벽 전체의 크기만한 도화지가 붙여진 화판이 시야에 들어왔다.

하얀 도화지 위에 아주 엷은 먹 선으로 여러 마리의 오리가 그려져 있고 그 뒤로 한 소년이 오리들을 몰고 있는 광경이 보였다. 나는 장지문에서 눈을 뗄 수가 없었다. 장지문 틈을 들여다 본 이후부터는 나는 병호와 노는 기회가 되면 언제나 병호네 집으로 가자고 병호에게 졸랐다. 아마도 5

학년이 될 즈음까지 거의 1년 동안 오리가 그려지고 채색이 되어 완성되어가는 작품 제작 과정을 자연스럽게 감상할 수가 있었다.

단고 조중현의 시대가 마감된 시기가 아마도 우중구압의 완성 시기 정도였을 것으로 짐작된다. 그 후 병호는 전학을 갔고, 나는 병호를 잊고 살았다.

내가 중학교에 진학하여 그 곳에 오리를 키우는 연못이 있다는 사실을 알게 되었다. 20여 마리의 오리가 매일 꽥꽥 거리는 풍경을 보면서 학교를 다녔다. 심원이 1년 이상 그렸던 우중구압을 떠 올리며 그림의 소재가 실재로 존재하고 있었다는 사실에 다시 한 번 놀라기도 하고 신기하기도 했다.

매일 한 소년이 20마리가 넘는 오리를 몰아 연못에서 오리의 집으로 이동하곤 했다. 어떻게 한 번에 많은 오리를 함께 몰고 갈 수가 있을까?

나는 몇 마리의 오리를 한 번에 몰 수가 있을까? 나는 늘 여러 마리의 오리를 한 번에 몰고 가는 소년이 부럽기도 하고 신기하기도 했다.

능력이 있는 사람은 많은 오리를 한 번에 몰고 갈 수가 있고, 능력이 모자라면 많은 오리를 한 번에 몰고 갈 수는 없을 것이다. 사람들은 저마다 오리를 모는 능력의 차이가 있다고 생각했다.

나는 중학교 미술반에서 미술반 활동을 하면서 심원은 없지만 학교 곳곳에 붙어있는 심원의 작품들을 감상할 수가 있었다. 그림의 크기는 80호에서 100호 정도의 큰 작품들이었고, 큰 나무 위에 부엉이가 앉아 있는 그림도 있었고, 어떤 그림에는 큰 소나무에 큰 독수리가 앉아 있는 그림도 있었다.

내가 군대를 제대하고, 1973년 어느 날 그 당시 국립현대미술관이 있던 덕수궁에서 심원의 작품 '우중구압' 이 들어있는 화집을 발견하게 되었다.

어린 시절 잊지 못할 추억의 그림이 들어있는 화집이었다. 그 그림이 완성되어가는 과정을 보고 신기해하며 성장했던 어린 시절을 다시 한 번 생각했다. 내가 미술대학에서 전통 수묵을 전공했다는 것은 바로 심원의 영향이 아니었을까? 내 인생에서 한 장의 그림을 만남으로서 오직 외길 인생의 길로 살아온 나에게 잊을 수 없는 한 장의 그림이 있었다는 것은 나만의 행운이 아니었을까?

나를 화가로 만든 한 권의 책

동양화의 감상과 기법

고암 이응로의 《동양화의 감상과 기법》

중학교를 졸업한 나는 고등학교에 입학하였고 그곳에서 또 하나의 인연을 만나게 된다. 바로 우리 마을에서 태어난 유명한 화가 고암 이응로이다. 고등학교 1학년이 되어 미술반에 들어간 나에게 김관회 미술 선생님께서는 한권의 책을 주셨다. 《동양화의 감상과 기법》이라는 책이다. 이응로 선생이 한국의 중·고등학생들을 위하여 만든 책이다.

한권의 책과 한 자루의 붓을 주시며 김관회 선생님은 말씀하셨다.

"열심히 해봐라"

선생님께서는 2년 동안 지도해 주시고 전근을 가셨다. 전근을 가시면서 선생님께서는 전교생들 앞에서 고별사를 하셨다. 아직까지도 귀에 생생한 선생님의 목소리가 들린다.

"Boys be Ambitious!"

지금의 나를 만드는 출발을 알리는 시점이었다. 야망을 갖게 해주신 선생님께 감사한다. 선생님께서는 현재(2021년) 대전에 살고 계신다. 90이 넘으신 연세에도 건강하신 모습으로 항상 격려와 걱정을 해주시는 선생님께 늘 감사하며 살아간다.

90이 넘으신 선생님께서 70이 넘은 제자에게 홍삼을 보내주신다. 어찌 그 홍삼을 음식으로 볼 수 있겠는가?

선생님께서 자랑스러워하는 제자가 되고 싶다.

"선생님 건강하셔야 됩니다."

고암 이응로는 56세에 프랑스로 유학을 하였고 프랑스에 동양화학교를 세웠으며 동양의 문화를 유럽에 심은 확실한 동양의 작가이다.

고암 이응로는 20세가 되면서 상경하여 해강 김규진의 문하에서 서예와 사군자를 통한 묵화를 배웠다. 그리고 그 후 30세가 되면서 일본으로 건너가 마쓰바야시 게이게쓰로부터 전통 남종화

이응로의 집

이응로 생가　　　　　　　　　　　　　이응로의 암각화

의 교육을 받았다.

　　해방이 된 후 1946년 그는 배렴, 장우성, 김영기, 조중현 등과 함께 단구미술원을 조직하여 일본의 잔재 청산과 민족적 한국화를 주장하였다.

　　고암은 1948년 홍익대학교 주임교수를 역임하면서 중·고등학생들을 위한 '동양화의 감상과 기법'이라는 책을 썼다. 나는 고등학교 시절 그 책을 가지고 공부했다. 그 속에는 동양화의 표현기법은 물론 작품의 감상법과 동양미술의 역사가 정리되어 있었다.

　　그림을 좋아했던 나에게 심원과 고암의 영향은 내 인생의 분명한 이정표가 되어 주었다.

　　아직도 나의 작업실에 고암 이응로의 《동양화의 감상과 기법》이라는 낡은 한권의 책은 소중한 가르침의 법전으로 90이 넘으신 김관회 선생님의 정감 있는 목소리와 함께 영원히 나를 지켜주고 있다.

인도의 아잔타에서 만난 스승 박생광

1982년 乃古 박생광이 79세의 나이로 인도의 성지순례와 프랑스 여행을 선택한 이유는 어디에 있었을까?

박생광은 17세에 일본에 유학하여 해방 후 귀국하였다. 그는 귀국 후 어려운 삶을 꾸려가면서 홍익대와 경희대에 출강을 하였다. 그는 한국 미술의 외곽을 살아오면서도 한국적인 동양화를 주장하였다. 역사를 떠난 민족은 없으며, 전통을 떠난 민족 예술은 없다. '모든 민족예술은 그 민족의 전통 위에 있다'고 말씀하셨다.

프랑스 미술가협회 오트리브 회장이 한국방문 시 박생광의 작품을 접하고 놀라 수유리 박생광의 화실을 방문한 일이 있다. 오트리브 회장은 프랑스에서 열리는 '르 살롱-85전'의 포스터 제작을 박생광에게 부탁하였고, 아시아 작가로서는 처음으로 르 살롱전에 초대되었다. 오트리브 회장은 한국의 박생광과 샤갈의 만남을 주선하고자 하였다. 그러나 샤갈의 갑작스런 죽음으로 샤갈과의 만남은 아쉬움으로 끝났다.

한국의 피카소로 평가된 박생광의 이름은 프랑스의 파리 그랑팔레에 영원할 것이다. 나는 오늘도 선생님의 조용하신 음성을 들으면서 찬바람이 스치는 그랑팔레의 정원을 서성이고 있다.

한국화가 박생광이 인도를 방문하고 그의 작품세계가 강력한 변신을 가져옴으로써 그가 우리나라 화단의 거목으로 등장하는 계기가 되었다.

나는 대학시절 박생광 선생으로부터 그림을 배웠다. 아니 그림을 배웠다는 표현보다는 사람이 살아가는 기본자세를 배웠다고 하는 것이 정확한 표현일 듯하다.

박생광 선생은 항상 깊은 생각을 하도록 여운을 주는 스승이었다.

대학교 3학년 때였다. 선배들의 졸업작품전에 함께 참여하기 위해 2점의 작품을 준비하였다.

1점은 인물 중심으로 우산 장사를 하고 있는 어린아이들의 군상이었고, 1점은 수묵의 발묵 효과를 살린 산수계열의 작품이었다.

작품 준비가 거의 끝이 난 상태에서 창운 이열모 선생은 나에게 인물 작품은 전시회에 출품을 하고, 산수 작품은 전시하지 말라고 말씀하셨다. 그러나 나는 산수 작품도 전시를 하고 싶었다. 선생님의 말씀을 어길 수가 없어 생각한 나머지 박생광 선생님께 지원을 얻고자 하였다.

인도 아잔타 석굴

나는 산수 작품을 박생광 선생님께 보여 드리고 작품이 어떠냐고 여쭤 보았다. 한동안을 말씀 없이 그림을 내려다보시던 박생광 선생은 '대가가 그렸으면 대작이라 하겠다.' 하고 말씀하셨다.

나는 그날 밤 한 잠도 잠을 이룰 수가 없었다. 그곳에는 대가도 없었고, 대작도 없었기 때문이다. 오로지 창피스러운 우둔한 청년의 고집만 있었을 뿐이다.

한 장의 그림을 통하여 살아가는 진리와 겸손을 가르치신 박생광 선생의 인자하신 모습을 떠올리면서 나는 그가 강력한 영향을 받았다는 아잔타 석굴의 프레스코화를 찾아 나선일이 있다.

불교미술의 아름다움과 회화 발전의 핵심 요소라 말 할 수 있는 벽화가 살아 숨 쉬고 있는 아잔타 석굴은 뭄바이에서 450km, 아우랑가바드에서 106km 떨어진 곳에 위치해 있다.

달리던 버스가 아잔타 석굴 관광단지 주차장에 멎는다. 좌, 우로 기념품 가게들이 줄지어 있고, 어설픈 한국어를 하는 상인들이 집요하게 따라 붙는다. 주차장에서 석굴로 올라가는 전용 셔틀 버스를 타고 10분쯤 올라간다.

산행 입구에 손가마꾼들이 옹기종기 모여 앉아 가마를 타라고 종용을 한다. 얼마나 멀기에 이런 사람들이 있나 하면서 긴장감도 생긴다. 그

아잔타 석굴, 53x45.5cm, 화선지 수묵, 2007

러나 10분쯤 계단을 오르니 아잔타의 모든 석굴이 한눈에 들어온다.

석굴은 지상으로부터 계단을 통하여 약 100m 오른 '인드야드리' 언덕 중턱에 수평으로 1.5km에 걸쳐 전개된다. 모두 29개의 석굴이 데칸고원의 깊은 숲을 흐르고 있는 와고레 강(Waghore River) 줄기를 따라 아름답게 이어져 있다.

기암절벽의 단애를 흘러내리는 시원스런 폭포와 곡선을 그리며 유유히 흐르는 강물, 전망대로 오르는 아기자기한 계단들과 오솔길이 한 폭의 풍경화처럼 아름답다.

이 석굴들은 B.C 2세기에 만들어지기 시작하였으며 A.D 5~6세기에 완성을 한 인도 불교문화의 최고 걸작이라고 할 수 있다.

이 석굴은 숲속에 감추어져 있던 것을 영국군 병사 '존 스미스'가 호랑이 사냥을 하기 위하여 이 계곡에 내려왔다가 1819년에 발견하였다.

1,100년 동안의 깊은 잠에서 깨어난 것이다. 벽면에 그려진 회화는 주로 불교의 전래 내용을 주제로 하고 있으며 인도 회화사상 유례없는 걸작으로 이 양식은 중앙아시아와 중국을 거쳐 한국에 전해졌다.

세계문화유산으로 등록되어 있는 이 작품은 오히려 숲 속에서 인간의 손에 닿지 않는 오랜 세월을 보낸 것이 작품을 보존하는 데 크게 도움이 되었다. 먼지를 제거하고 사람들이 드나들면서 벌써 벽화의 색채가 변화되고 손상되기 시작하였다.

동굴을 만들고 그 곳에 벽화를 그리기 위하여 황토 흙이나 소석회, 모래 등의 모르타르를 벽면에 바르고 수분이 마르기 전에 물감을 발라 그림을 그렸다.

'프레스코화(Fresco) 기법'을 공부하던 학창시절이 기억난다. 왜 프레스코화 기법이 발달했었는지를 정확히 그 이유를 알 수 있을 것 같다. 벽화를 아름답게 그리고, 오래 보존하고자 회화 기법을 개발하고 연구하여 프레스코화 기법으로 정착시켰던 그들의 작품에서 다양한 표현력, 구성력, 재치와 익살, 해학과 예술로 연결되는 무한한 작품성을 발견한다.

1번 굴은 6세기경에 조성된 것으로 아잔타 석굴 중에 최고의 벽화를 감상할 수 있는 곳이다. 입구에서 신을 벗고 맨발로 들어가도록 엄격히 통제를 하고 있다. 벽화 속에 나타난 부처의 모습이 일본의 법륭사에서 인상 깊게 보았던 담징의 벽화를 다시 만나는 기분이다.

풍만한 육체의 관능미를 자랑하며 흑인공주가 유혹을 하고, 곡선미가 유연한 연꽃 든 보살들이 화려한 색채 속에서 아름다운 프레스코화의 위력을 보여준다. 왜 이곳에서 한국화가 박생광이 강한 충격을 받았었는지 그 이유를 이제 알 것만 같다.

붓다의 전생과 이생을 그린 2번 석굴의 벽화, 4번 석굴의 조각 작품들, 어느 하나 소홀히 볼 수 없는 감동적인 작품들이 연속된다. 생동감을 연결하는 석굴과 석굴 사이는 계단과 통로로 만들어져 그 연결 구성이 아름답고 자연스럽다.

미군 병사에 의하여 최초로 발견된 10번 석굴은 B.C 2세기경 만들어진 것으로 이곳에서 가장 오래된 석굴이다. 이 석굴 앞에서 와고레 강을 올려다보는 풍경이 장관이다.

보존 상태가 가장 좋은 석굴은 17번 석굴이다. 불교의 설화, 무희들의 관능적인 춤, 붓다가 고향으로 돌아와 속세에서 인연을 맺었던 부인과 두 아들에게 탁발하는 장면들이 생생하게 벽화로 남아있다. 붓다를 유혹했던 악마 마라의 모습과 부드러운 미소의 열반상을 볼 수 있는 26번 동굴도 있다. 모든 석굴을 통하여 강한 불교의 메시지를 전달하려는 회화적 표현은 종교적 의미보다 더 강한 미술적 충격으로 다가선다.

명상에 잠긴 승려들의 마음과 몸을 깨끗하게 씻어 주던 강물은 아무 말이 없다. 해탈의 경지를 알려 주려는 듯 조용히, 서서히 그리고 물끄러미 흐르는 와고레 강(Waghore River)은 스승 박생광이 그랬듯이 조용하기만 하다.

비상, 53x45cm, 화선지 진채, 2011

2012

프랑스 루브르 박물관 개인전
동방의 빛 / 프랑스 루브르 까루젤관
2012 06.08~06.12

루브르 박물관에서 개인전

동방의 빛

2012년 6월 8일 프랑스의 루브르 박물관 까루젤관에서 열리는 화랑들의 축제에 프랑스 갤러리 아테나의 초대로 프랑스에서의 첫 개인전이 이루어졌다.

1980년대의 우송 김석기는 그에게 '자연의 관찰과 재현'의 시기였다. 주로 실경 묘사를 통해 동양의 아름다운 사계를 표현했다. 이 과정에서 동양 미술의 전통성 계승을 위한 표현기법뿐만 아니라, 블랙잉크와 라이스페퍼 등 표현 재료에 대한 연구도 함께 이루어졌다. 작가로서 雨松이 동양철학에 기반을 두고 미학을 정립해 나간 시기라고 할 수 있다.

1990년대에는 '자연의 단순화와 변형'이라는 주관적 작업이 이루

Window-1, 120x75cm, 화선지 수묵, 2012

어졌다. 자연을 관찰하여 사실적으로 표현하던 것으로부터 점차 생략과 강조의 반복을 시도하면서 동양회화의 현대화를 추구하게 된 것이다. 새로운 현대적 동양회화를 향한 실험적인 연구는 이 시기의 그를 창작욕과 에너지로 충만하게 했다.

2000년대의 우송은 '자연과 전통문화의 상징적 이미지 표출'이라는 주제 안에서 작품 활동을 전개하게 된다. 화면은 극도로 단순화 되었고, 동양의 상징적 이미지들이 '오방색 (흑, 백, 적, 청, 황)'으로 화려하게 묘사되었다. 이는 겸손과 절제의 수묵자연주의로부터 수묵과 색채가 강렬하게 조화를 이루는 오방색 시대로의 전환점이 된 '오방산수'의 탄생기가 된다.

2010년대 들어 그의 작품 세계 속에선 '자연의 추상성과 오방산수'라는 새로운 동양회화의 이야기가 시작된다. 즐겨 사용하던 전통회화의 이미지들과 모티브들이 사라지고, 절제되고 함축된, 단순한 기하 형태들이 등장하고 있다.

이렇듯 작가가 걸어온 30년의 변화는 마치 미술사의 변천을 보는 듯하다. 변신에 변신을 거듭했던 그 고뇌의 역사는 외부에서는 쉽게 가늠하기 어려운 인고의 시간이었을 것이다.

Window-2, 120x75cm, 화선지 수묵, 2012

Bridge-1, 102.5x69.5cm, 화선지 수묵, 2012

우송은 지금 어디로 가고 있는 것일까?

이제 그는 ‘루브르 박물관 살롱전’ 을 통해 새로운 작품 세계를 전개하고자 한다.

그가 그려내는 새로운 추상의 세계는 ‘동방의 빛’ 으로 조명되고 있다. 아름다운 정원에 꽃들이 흐드러지게 피어나고, 꽃가루가 바람에 흩날려 비상을 시작한다. 새로운 세계로 들어가는 신천지의 문틈으로 ‘동방의 빛’ 이 오색찬란하게 새어 들어오고, 그곳에 새로운 유토피아가 만들어진다.

우송의 작품 세계가 ‘동방의 빛’ 으로 영원히 꺼지지 않는 찬란한 빛이 되어, 인류를 비추고, 우주를 밝히는 영원한 등불이 되기를 기대하고, 나아가 ‘동방의 빛’ 이 동양과 서양의 회화를 함께 조명하는 긍정적 에너지가 될 수 있기를 기대한다.

Bridge-2, 102.5x69.5cm, 화선지 수묵, 2012

Light from the East

'Woo-song' Kim Seok-ki is a Korean fine artist.

The 1980s was 'A time to observe and reproduce nature' to him. He expressed in his works the beautiful four seasons of the East mainly by drawing them as they were. Through this process, he accomplished a study of the materials for his expression such as black inks and rice paper etc., as well as techniques to express the successive artistic tradition of the East. To him, it was a time to establish his esthetics based on Eastern philosophy.

In the 1990s, he worked in his own way for 'The simplification and transformation of nature'. He pursued the modernization of eastern paintings by attempting to repeatedly omit or emphasize nature instead of observing and drawing it as it was. This new experimental study of modern eastern paintings made him full

검무도, 120x75cm, 화선지 수묵, 2012

of creative energy.

In the 21st century, he began to work on the theme of 'The expression of symbolic images of nature and traditional culture'. Drawing patterns became an extremely simplified process and symbolic images of the East were colourfully described using five main colours(black, white, red, blue and yellow). It was a turning point for him from black-and-white naturalism based on modesty and moderation to five-colour paintings with strong harmony between black-and-white and other colours.

Thus, 'five-coloured nature' has come into existence.

In the 2010s, in the world of his work, there has come a new trend for eastern paintings called 'Abstractness in nature and five-coloured nature'. The images and motifs of traditional paintings he used to enjoy have disappeared and been replaced with temperate, elliptical and simple diametric patterns. The changes of the last 30 years in his paintings seem like a history

수렵도, 120x75cm, 화선지 수묵, 2012

of art in itself.

Where is Woo-song heading now?

Now, he is going to develop his world of work in 'The Salon, in the Louvre Museum'.

'The light from the East' illuminates his new abstract world of work. Many flowers begin to bloom and blow away their pollen in his beautiful garden. 'The light from the East' is filtering in through a crack in the door, to the new world where a new utopia will form.

Woo-song's world of work, I hope, will be an undying light shining on humanity and beyond, into the cosmos giving off a positive energy which illuminates the paintings of the East and the West as 'A bright light from the East'.

루브르 박물관(Louvre)

'세계 3대 박물관 중의 하나'

루브르 박물관

루브르로 들어서니 제일 먼저 눈에 들어오는 명물 '유리 피라미드'가 시야에 들어온다. 높이 21m로 만드는데 사용한 유리만도 총 603장이나 된다는 대작이다. 1989년 프랑스 혁명 200주년을 기념하기 위하여 동양인 건축가 '이오밍 페이'가 설계하고 만들었다. 고대의 고전적 소재를 현대 감각에 맞추어 표현한 피라미드 상징물이다.

루브르 궁은 1190년 '필리프 오귀스트' 왕이 바이킹으로부터 파리를 지키기 위하여 요새로 건설했으며, 이후 '샤를 5세'가 궁전으로 개조하였다. 그 후에도 많은 왕조들에 의하여 확장과 개조를 반복하다가 프랑스 대혁명의 소용돌이 속에서 왕조시대의 유물과 예술품들을 우상으로 판단하고 파괴하는 행위가 잇따르자 공공 예술품을 보존하기 위하여 1793년 일반인에게 공개하기 시작하였다.

궁을 전시장으로 꾸밈으로써 불편한 점이 많아 이를 해소하기 위해 미테랑 대통령의 계획에 의하여 1981년부터 궁전 전체를 미술관으로 바꾸는 프로그램이 지속적으로 추진되어 현재도 진행 중이다.

프랑수아 1세가 수집했던 이탈리아 회화 12점에서 출발한 박물관의 수집품들은 이제 조각, 회화, 판화, 고대 미술 등 총 7개 부문에 걸쳐 40

만점이 넘는 작품을 보유하게 됨으로써 세계 3대 박물관 중의 하나가 되었다. 수많은 소장 작품 때문일까? 루브르의 전시실을 한번 돌아보는 동선이 60km를 넘는다니 한 번에 루브르를 본다는 생각은 루브르를 모르고 하는 이야기일 것이다.

루브르로 들어서니 넓은 나폴레옹 홀이 나타나고 그곳의 카페, 레스트랑, 기념품점, 서점 등을 지나 에스컬레이터를 오르니 전시실이 나온다. 전시실은 크게 3실로 나뉘는데, 루이 13세 때 루브르를 증축하고 만드는 데에 공헌한 '리슐리외' 재상의 이름을 따서 만든 '리슐리외(Richelieu)관' 을 비롯하여, 앙리 4세 때 크게 공헌한 재상 '쉴리' 의 이름을 붙인 '쉴리(Sully)관' 그리고 나폴레옹이 이집트 원정에 나섰을 때 나폴레옹과 함께 이집트 문화재를 수집하고 옮겨왔으며, 루브르의 초대 관장을 지낸 '드농' 의 이름을 따 만든 '드농(Denon)관' 이 있다.

리슐리외 관으로 들어서니 제일 먼저 거대한 작품들의 크기에 압도당하고 작품에서 오는 생동감이 또 한 번 충격적 감동으로 심장의 박동을 크게 두드린다. 프랑스의 왕 앙리 4세의 사랑을 가장 많이

루브르 박물관

받았다는 '가브리엘데트레' 를 그린 무명화가의 누드 작품 '가브리엘 자매' 가 시선을 끈다. 1820년 에게해 '키클라데스 제도' 의 밀로섬에서 농부가 발견했다는 높이 2m의 비너스상이 쉴리관 입구에 우뚝 서 있다.

가장 아름다운 미의 여신을 직접 만나는 감동 또한 새롭기만 하다. 옆방에는 밀로의 비너스와 쌍벽을 이룰 만큼 아름다워 헬레니즘 문명을 대표하는 또 하나의 걸작 '사모트라케의 승리의 날개' 가 막두 날개를 펴고 비상을 시작한다.

루브르에서 가장 인기가 있다는 작품은 드농관에 있는 모나리자다. 모나리자의 작품 밑에 '라 조콘다' 라는 명제가 붙

나폴레옹 대관식 작품 앞에서

어 있다. 모나리자 작품의 모델은 본래 피렌체 은행가였던 '프란체스코 델 조콘다'의 아내였다. 어린 딸을 잃고 상복차림으로 우울해 하던 당시 모나리자에게 음악을 들려주면서 이상야릇한 아름다운 미소를 만들어 낸 레오나르도 다빈치의 노력이 숨겨져 있는 위대한 작품이다.

당시 '라 조콘다'의 애칭은 '리자'였고, 상류층 부인에게 붙였던 마담의 의미를 가진 존칭 '모나'를 앞에 붙여 '모나리자'로 부르게 되었다. 그러나 모나리자에 대하여는 말도 많고, 설도 많아 한마디로 정의하기에는 어려운 작품이다.

1804년 파리 노트르담 대성당에서 나폴레옹 1세의 대관식이 행해지고 그 현장의 장면을 다비드가 '나폴레옹 황제의 대관식'이라는 작품으로 남겼다. 거대한 캔버스에 화려하고 찬란한 인물들이 생생한 생동감으로 표현되어 있다. 자신은 로마 황제와 동등하다는 선언을 한 나폴레옹은 월계관을 이미 쓰고 있고, 교황이 건네준 왕관을 그의 부인 조세핀에게 씌워주고 있는 장면이다.

1816년 400명의 사람을 태운 군함 메두사가 침몰했던 현장의 실제 상황을 작품으로 그린 제리코의 '메두사의 뗏목'은 위에서 생존을 위한 처절한 사람들의 절규가 들리고, 1830년 7월 혁명 당시 쓰러져 죽어간

동료들의 시신 위에서 삼색기를 높이 들고 앞으로 전진하는 들라크루아의 '민중을 이끄는 자유의 여신'의 용맹스런 모습도 보인다.

우리는 멀고 험난했던 예술가들의 일생을 한편의 드라마를 보거나 소설을 읽는 기분으로 가볍게 바라보지 않았던가? 한 작품을 위해 인생을 바쳐 온갖 정렬을 쏟았던 예술가들의 일생은 너무나도 소중하고, 귀한 우리들의 역사이다. 정열을 다 바친 예술가들의 출발은 언제나 미약했으나 위대한 작품을 만든 그들의 열정은 창대하지 않았던가?

루브르 전경

오르세 미술관(Musee d' Orsay)

'프랑스 3대 미술관 중 하나'

프랑스 파리의 아침은 풍요로운 나라의 고요를 느끼게 한다.

추억의 나라 선망의 나라 그곳에서 그림을 그리고 전시회를 갖고 또 센 강을 오르내리면서 루브르 박물관과 노트르담의 사원을 바라보고 또 아침 안개의 신선함을 만끽한다.

센 강에 선박으로 집을 가지고 있는 이들도 더러는 신선한 아침 공기를 마시려는지 갑판 위에 올라와 하늘을 바라보고 양팔을 치켜든다. 이곳에 선박 집을 가지고 있는 이들은 프랑스에서도 부유층들이라고 한다.

유유히 흐르는 센 강을 굽어보고 있는 루브르 박물관 건너편에 또 하나의 프랑스 명소 오르세 미술관이 있다.

프랑스의 3대 미술관중 그 첫째는 루브르 박물관으로 그 곳에는 고대유물관을 비롯하여 그리스, 로마 이슬람 미술, 장식품, 회화, 판화 소묘관까지 있다. 그리고 두 번째 미술관이 바로 오르세 미술관이다. 오르세에는 19세기 중반에서 20세기 초(1848~1914)까지의 작품들이 있는 곳이다.

1970년대에 프랑스에서 최초로 사진부문을 전시영역에 포함시킨 미술관이기도 하다. 그리고 오르세 다음으로 20세기 이후의 미술을 감상할 수 있는 현대미술관으로 퐁피두 센터가 있다. 그래서 프랑스의 미술 역사를 시대적으로 보고 싶다면 루브르, 오르

오르세 미술관

세, 퐁피드의 순으로 관람하는 것이 좋다.

오르세 미술관은 1900년 만국박람회 당시 기차역과 호텔로 지어진 건물이다.

철도가 발전하면서 승강장이 짧았던 오르세는 점점 철도역의 기능을 상실했고 호텔까지 문을 닫게 되자 퐁피두 대통령이 미술관 계획을 수립하고, 이탈리아 건축가 '아울렌티' 에 의하여 새로운 미술관으로 1986년에 개관되었다.

오르세로 들어서면 돔의 형식으로 이루어진 천정으로 들어오는 자연채광과 함께 대형 원형시계가 그 옛날의 대합실이었다는 것을 실감하게 한다. 멀리 까마득히 보이는 미술관 로비층에 하얀 대리석의 조각 작품들이 인상적이다.

여체의 신비를 사실적으로 묘사한 앵그르의 작품 '샘' 을 비롯하여 세상을 떠들썩하게 말도 많았던 사실파 쿠르베의 '세상의

오르세

기원,' 밀레의 '만종', 인상주의의 아버지 마네의 '올랭피아', '풀밭 위의 점심식사', 오귀스트 르누아르의 '물랭드라 갈레트의 무도회', 모네의 '양산을 든 여인', 폴 세잔의 '카드놀이하는 사람들'을 감상할 수 있다.

또 고흐의 방에서는 아직도 생생한 눈빛으로 살아있는 그의 자화상과 함께 '오베르의 교회 풍경'도 감상할 수가 있다.

드가, 피사로, 시슬레, 쇠라, 시냐크, 세잔, 로트렉, 고흐, 고갱 등 인상파 중심의 작품들로 구성되어 있다. 그러나 한편 인상파를 거부했던 나비파의 작품들과 신고전주의 작품들도 전시되어 있다. 그 중에서도 '비너스 탄생', '진리' 등은 진한 감동을 준 인상적인 작품들이다.

소년시절 중·고등학교 미술교과서를 통하여 처음 만났던 많은 작가들의 작품을 직접 감상하면서 나는 오르세에 올 때마다. 수많은 예술가들의 집념과 고뇌와 도전을 배운다.

예술가들의 가난과 고독, 그리고 고뇌와 도전, 또 그들의 무한한 상상력, 그것들이 모두 녹아있는 그들의 작품 속에서 다시 한 번 인간으로 태어나 살아야만 하는 이유를 느끼게 된다.

에펠과 에디슨이 만나다 / 에펠탑(Tour Eiffel)

'파리의 상징'

프랑스가 예술의 나라라고 하는 만큼 모든 면에서 아름다움이 몸에 배어 있는 듯하다. 거리의 건축, 조경의 조화, 간판의 단순미, 여인들의 의상, 교통수단의 다양한 디자인 등 하나하나가 아름답고 미적이지만 중요한 것은 이것들이 모여 모두 함께 조화를 이루고 있다는 것이다.

수수한 의상 속에 감추어진 여인들의 안목은 색채의 화려함보다 검소한 미적 포인트를 선택하고, 무엇보다 그들은 교양과 양보를 미덕으로 하는 아름다움을 생활화하고 있다는 것이다.

또 프랑스 사람들은 다양한 요리를 즐기는 사람들이다. 아침 식사는 바게트나 크로아상에 커피나 코코아를 마시는 정도의 가벼운 식사를 하지만, 점심식사와 만찬은 많은 시간을 보내며 다양한 요리를 즐긴다.

우리에게 익숙한 프랑스의 대표적인 요리는 '에스카르고(Escargot)'라는 달팽이 요리다. 프랑스의 '부르고뉴' 지역에서 발달한 최고의 요리인데, 그 지역이 바로 프랑스 최고의 와인 산지이기 때문에 포도주와 함께 즐기는 요리가 발달한 것 같다.

프랑스 음식은 알코올 음료가 먼저 나오고, 전식, 메인요리, 후식 등으로 구분되어 제공된다. 프랑스는 지역에 따라 발달한 요리들이 다양하다.

치즈가 많이 만들어지는 노르망디 지역에서는 '카망베르'가 일품이고, 브르타뉴 지역에서는 해산물의 요리와 메밀가루로 만든 '크레프갈레트'가 유명하고, 알자스 지역에서는 거위 간 요리인 '푸아그라'를 자

에펠탑에서

랑하고, 프로방스 지역에서는 어패류로 만든 스프 '부야베스'가 유명하다. 아무래도 프랑스는 유명한 와인 산지 '보르도', '부르고뉴', '샹파뉴' 지역 등이 있기 때문에 와인과 함께하는 다양한 음식문화가 발달할 수 있었던 것 같다.

에펠탑이 보이는 센 강

개선문과 함께 파리의 상징물이자 자랑거리인 에펠탑은 프랑스 혁명 100주년을 기념하기 위하여 프랑스가 만든 또 하나의 걸작이다. 1889년에 파리만국박람회에 세워진 에펠탑의 높이는 320.75m이며 이 탑의 설계와 제작은 귀스타브 에펠(Gustave Eiffel 1832~1923)에 의하여 이루어졌는데 그 당시 세상을 떠들썩하게 만들었다.

그는 '철의 마술사'라는 별명을 얻기에 충분하리만큼 많은 사람들이 놀라기도 하고 좋아도 했지만 에펠탑의 철거를 주장하는 사람들도 적지 않았다. 파리와 에펠탑이 어울리지 않는다는 이유 때문이다.

그 대표적인 인물로는 소설가 모파상이 있었다. 그는 파리의 어느 곳에서나 보이는 에펠탑을 싫어하여 에펠탑을 피해 에펠탑 안에 있는 식당을 자주 찾아와 식사를 했다는 아이러니한 일화가 있는가 하면 화가 드가도 한때 에펠탑 철거를 주장하는 무리의 선봉에 서기도 하였다.

20년을 한시적으로 설치하기로 했던 에펠탑은 철거의 위기에 몰렸던 것이 사실이지만 다행히 무선 전신전화의 안테나 역할을 하는 경제적 유익성 때문에 철거를 모면하게 되었다.

지상 57m 위치에 있는 제1전망대에는 에펠탑 박물관과 우체국이 있고, 지상 115m

에 있는 제2전망대에
는 레스토랑이 있으
며, 274m에 있는 제3
전망대에는 프랑스 시
가지가 다 내려다보이
는 전망대가 있다. 그
리고 에펠의 개인 사
무실이 있다.

사무실 안에는 에
펠과 에펠을 찾아온
에디슨과 에펠의 둘째
딸의 모습이 모형으로
만들어져 그들이 대
화를 하고 있는 장면
이 연출되어 있다.

발명왕 에디슨도
에펠탑의 우수성을
인정하고 이곳 프랑스
로 에펠을 찾아와 서
로의 연구에 대한 의
견을 나눈 일이 있었
다. 동시대를 살다간
두 위대한 과학자들의
만남이었다.

탑의 높이를 최대
한 활용한 수압을 이
용하여 엘리베이터가
운영되고 있고 또 계
단을 이용하여 오를
수도 있다. 관광객들
이 끝도 없이 줄을 지
어 계단을 오르고 엘
리베이터를 이용한다.

에펠탑 전망대에서 몽마르뜨를 바라보며

전망대에서 파리의 시가지를 내려다 보면. 아름다운 유럽의 풍경이 전개되고 그 가운데로 센 강이 흐른다. 에펠의 기적은 세계의 자랑거리를 만들었고, 그 기적은 그 민족을 자랑스런 민족으로 만들었다.

에펠탑을 내려오며 에펠탑의 철거를 요구했던 모파상이나 드가가 지금 살아 있다면 한번쯤 이야기 해주고 싶다. 모든 면에 전문가가 존재하는 한 모르면서 개인의 기분으로 반대하는 풍토는 발전에 아무런 도움이 되지 않는다고 말이다.

WOO SONG
KIM SEOK-KI

New Light and Love

The 31st Solo Exhibition
2013. 12. 22. ~ 12. 28.

Galerie du Colombier
91 rue ST Honore 75001 Paris France

2013

2013 프랑스 국립살롱전 S.N.B.A

2013.12.12 ~ 12.15

프랑스 루브르 까루젤관

21세기 회화의 새로운 빛과 사랑

1. 21세기 회화의 예술적 과제

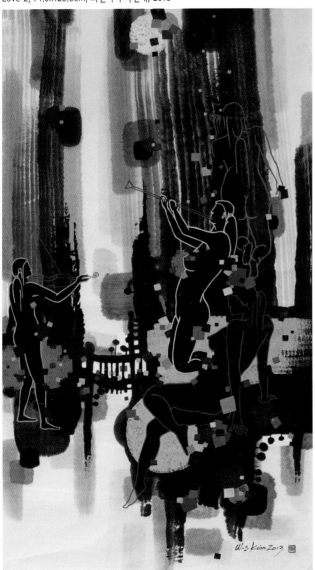

Love-2, 74.0x125.5cm, 화선지 수묵진채, 2013

21세기를 살아가는 우리는 무엇보다 자연이 아름답고 소중하다는 사실을 알아야 한다. 아름다운 자연은 인간들이 가꾸고 보존해야 한다. 자연들이 훼손되고 오염되어 끝내는 기상이변을 초래하고, 엄청난 재앙을 초래하고 있는 것이 현실이다. 인간들이 자연을 훼손하는 우매한 행동은 미래의 삶과 희망을 포기하는 것과 같다.

자연과 함께 살아가는 여유와 자연에 순종할 줄 아는 지혜를 우리는 배워야 한다. 그것은 바로 우리가 살아갈 미래의 환경적 공간을 가꾸는 일이기 때문이다. 아름다운 삶의 공간이야말로 가장 중요한 우리 인간들의 터전이기 때문이다. 그리고 우리는 사랑을 회복해야 한다.

극도로 발달된 개인주의와 국가 간 갈등과 반목은 투쟁과 전쟁을 만들고 있다. 이러한 불신과 의심, 분노와 전쟁을 잠재우기 위해서는 우리 스스로가 서로 신뢰하고 화목하게 살아갈 수 있는 사랑을 회복하는 지혜를 알아야 한다. 사랑이야말로 모든 문제를 이해하고 해결할 수 있는 열쇠이기 때문이다.

톨스토이는 "화가는 모든 것을 그리고 칠할 수 있는 사람이다"라고 하였다. 예술가들의 무한한 창작세계를 인정하면서 그의 말 속에는 모든 것의 변화를 가능케 할 수 있는 예술가의 임무를 말하고 있다. 슈만은 "인간의 마음 속 깊은 곳에 불을 비춰 주는 것이야 말로 예술가의 임무다."라고 하였다. 예술가들의 철학과 사상은 인간의 삶과 영혼을 밝고 맑게 만들어야 하는 역할을 강조하고 있는 것이다.

동양의 공자는 "나는 오직 하나의 도를 통함으로써 모든 도를 통하고 있다."라고 하였다. 아무리 다양한 민족 다양한 문화라 할지라도 그것들 모두는 하나로 통한다는 단순명료한 진리다. 또한 그는 하나의 도를 통하기 위해서는 인간들이 태어날 때부터 알고 태어난 것은 아니기 때문에 옛사람들이 남긴 업적을 사모하며 끊임없이 배우고 연구해야 한다고 하였다.

예술가들에 의해 창작되어지고 있는 예술품들은 사회의 현상을 반영한다. 예술의 발전은 아름다움 그 자체를 초월하고 있다. 그것은 난해하고 모순된 사회현상과도 밀접한 관계가 있다.

예술은 동·서양을 막론하고 예술가들에 의한 다양한 실험과 창작활동에 의해 발전한다. 과거의 회화적 형식들이 표면적이고 외향적이어서 예술의 정신적 내적 사상이 부족했다면, 현대의 예술형식들은 내적인 면을 강조하고 있고, 그것은 분명 인간의 정신세계를 새롭게 할 희망적 에너지가 될 것이다.

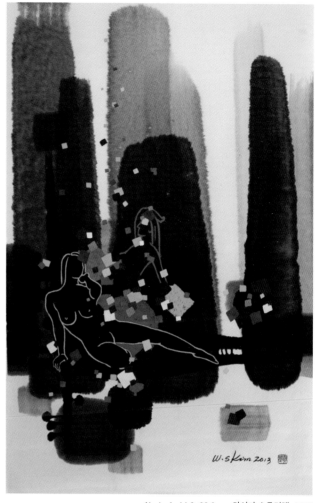

Nude-1, 44.0x69.0cm, 화선지 수묵진채, 2013

2. 동방의 빛과 사랑

동양예술의 기초는 속세를 초월해야 한다는 초월사상에 있다. 예술은 아름다움을 만드는 것이기 때문에 악을 만들지 않기 위해서는 속세를 초월해야 한다는 것이며, 대자연과 하나가 되기 위해서도 속세를 초월해야 하고, 새로운 대자연의 세계를 깨닫기 위해서는 더욱 속세를 초월해 한다는 것이다.

칸딘스키는 말한다. 인류는 의식적이고 이성적인 구성의 시대로 접근했다. 추상적 회화의 작품을 구성한 화가가 자기 작품을 구성적으로 이루어진 방법에 대하여 긍지를 가지고 설명하는 시대를 우리는 살고 있다. 우리가 이제 인류의 목적인 창조의 시대를 살아가면서 회화 속에 새로운 정신적 요소들이 구성되어지는 사실을 공감하게 된다. 회화 속에는 이미 화가의 위대한 정신성을 지닌 영혼이 존재하고 있기 때문이다.

숨바꼭질하던 어린 시절 등불 없는 캄캄한 토광에 숨어들어 두려움의 시간을 보내면서 초조하던 그 순간에 한줄기 창문으로 새어 들어오는 밝은 빛은 성스러우리만큼 아름답고 신성함으로 기억된다.

어둠을 밝히는 것은 빛이며 그 빛 속에는 무한한 철학적 사상적 희망과 에너지가 충만해 있다. 빛은 인류의 희망이며 인류를 하나로 묶을 수 있는 위대한 힘을 가지고 있다. 빛 속에 포함되어 있는 오만가지의 현란한 색채들은 인류의 몸과 마음과 정신을 새롭게 하기에 충분하다.

동방의 빛으로 동양적인 서정의 세계를 표현하고자 노력한다. 수천년을 만들어온 신비스러운 블랙잉크의 농담으로 인류의 서정을 화폭에 담으려한다. 그것이 외적 자연에서 얻은 직접적인 인상(Impressionen)이던, 내면적 자연에서 얻어진 무의식적 표현인 즉흥(Improvisationen)이던, 인상

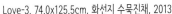

Love-3, 74.0x125.5cm, 화선지 수묵진채, 2013

Love-4, 74.0x125.5cm, 화선지 수묵진채, 2013

과 즉흥에 의한 것들을 내부적인 정신세계의 영혼을 담아 구성하는 그림을 그린다. 그 곳에는 동양의 오주요색인 오방색이 있으며 인류를 하나의 영혼으로 묶어줄 동방의 빛이 있고 우리가 서로 사랑하며 살아가야 하는 이유가 있다. 인류가 함께 살아가기 위해서는 모두가 사랑으로 결속하지 않으면 안 된다. 사랑만이 이 세상을 풍요와 평화로 만들 수 있기 때문이다.

New Light and Love from 21-century Paintings

1. Artistic Tasks for 21st Century Paintings

People living in the 21st century should be reminded that nature is our most beautiful and valuable treasure. We need to carefully keep and conserve its beauty. Continuing to damage and pollute nature will lead to unusual weather and terrible natural disasters. The senseless destruction of nature by human beings means that we are giving up our hope and life for the future.

We need to learn to have the time to coexist with nature and the wisdom to be accommodating to her needs. This will enable us to set up living spaces for our future; these spaces

Love-5, 74.0x125.5cm, 화선지 수묵진채, 2013

Nude-2. 44.0x69.0cm, 화선지 수묵진채, 2013

are a vitally important component of meaningful human life. Furthermore, we should try to recover our lost love for nature and others. Extreme individualism and hostility between nations lead to conflict and war. To erase mistrust, doubt, anger and war, we should have the wisdom to recover the love to trust each other and live a harmonious life. Love is the only key to understand and solve these problems.

Leo Tolstoy once said, "A painter is the one who can draw and paint everything." He acknowledged the artistic world of infinite creativity and mentioned the artist's duty to make it possible to change everything. R. Schumann also said, "It is the artist's duty to throw a light deep into the human heart." He emphasized the ability of an artist's philosophy and ideology to renew our lives and to brighten our souls.

Nude-2. 44.0x69.0cm, 화선지 수묵진채, 2013

Nude-4, 23.0x17.0cm, 화선지 수묵진채, 2013

In the East, Confucius said, "I realize every Tao by one Tao only." This is the simple and clear truth that no matter how many diverse races and cultures there may be, they add up to just one race and culture. The wisdom passed on by these masters remind us that people are not born with the knowledge about truth, but they should instead learn and study the achievements of their ancestors with eagerness.

The works created by artists reflect the social and cultural circumstances of their time. Thus, the development of art does not merely represent beauty, but a close relationship with the mysterious and contradictory social landscapes into which it was born. Art, regardless of its Western or Eastern origins, develops according to the artists' various experiments and creative activities. In comparison to past art styles that may be described as superficial and flashy, so that they lacked mindfulness and inner philosophy, modern styles emphasize inner mentality, which will surely provide a hopeful energy for the renewal of human's inner lives.

2. Light and Love from the Orient

Oriental art is based on the philosophy of transcendentalism. Because art creates beauty, it inspires us to renounce the world which is evil, and transcend it in order to reach enlightenment and unity with the cosmos of Nature.

Wassily Kandinski said, "Human beings have approached the time of conscious and rational composition." We are living in a world where artists of abstract works are proud to explain how they have composed their works of art. As we are living in a time of creativity, we feel empathy with the fact that new mental elements are mixed in to works of art. There exist in these works souls with the great mentality of art.

Imagine playing hide-and-seek as

Nude-3, 23.0x17.0cm, 화선지 수묵진채, 2013

a child, and hiding yourself in a dark place with no lights on. You are anxious and afraid until a sudden beam of light cuts through the darkness. How do you feel about this ray of light? The light is sublime, beautiful, and sacred itself. It is the shaft of light that cuts into the darkness, full of infinite philosophical and ideological hope and energy. It is the hope of human beings and has the great power to join human beings together into one. Thousands of brilliant colors in the light are enough to renew human bodies, minds and souls.

Through this oriental light, I have tried to express the lyrical world of the East. My use of black ink, a technique cultivated over a thousand years, provides mysterious lights and shades that try to put human lyricism into the canvas. Whether direct impressions from outward Nature, or unconscious improvisations from my inner nature, I have tried to compose these works into my inner mind. There you can find five essential Oriental colors, and the light that can tie human beings together into one soul, helping us realize why we should live with love. In order to coexist peacefully, we human beings must be closely united in love. Only love can fill this world with affluence and peace.

프랑스 센 강(Seine)

'낭만이 흐르는 강'

프랑스 파리의 밤은 화려한 조명으로 아름답다. 동화의 나라에 초대
된 소년의 모습으로 에펠탑에서 쏟아져 내리는 빛의 줄기를 따라 신비로
운 야경 속으로 빠져든다. 센 강을 거슬러 오르는 유람선을 따라 또 하나
의 빛의 향연은 계속된다.

화려한 야경의 아름다운 빛을 지워버린
파리의 아침은 맑은 공기와 함께 센 강변을
달리는 사람들의 땀방울로 시작된다. 프랑스
중북부를 흐르는 센 강(la Seine)은 디종 근처
에서 발원하여 트르와, 파리, 루앙을 거쳐
영불해협으로 빠져 나가는 길이 776km에
달하는 강으로, 철도가 건설되기 전에는 교
통로로서 중요한 역할을 하였다.

알렉상드르 3세교

'바토무슈 선착장'을 출발하여 센 강으로 서서히 출발하는 유람선
의 아래층에서 유리창 안에 바람을 피해 여유를 찾는 이들의 모습이 보
인다. 1년에 한,두 번 신선한 바람을 쏘이며 스케치북을 편 유람선 여행
을 하곤 한다. 센 강의 좌우에서 동시에 다가서는 아름다운 경치들이 마
치 영화 감독의 사인에 의해 움직이는 커다란 카메라 렌즈처럼 클로즈업
을 반복한다. 멀리 '알렉상드르 3세 다리'가 나타나고 그 위의 황금 기
마상이 금방이라도 센 강으로 뛰어 내릴 듯 역동적이다. 스케치북 위에
'알렉상드르 3세 다리'가 그려지고 말의 기상을 그리려 하지만 유람선
은 시간을 허락하지 않는다.

다리 밑을 통과하면서 바로 왼쪽으로 '오랑주리 미술관'이 나타나고
오른쪽으로는 그 유명한 '오르세 미술관'이 보인다.

센 강을 오르는 유람선은 벌써 파
리에서 가장 사랑을 많이 받고, 유일
하게 사람들만이 건너다니는 '예술
의 다리'를 지나고 있다. 목조로 된
평범한 다리지만 무명 예술가들의 자
유로운 연주가 이루어지고, 화가들의
전시회가 만들어지며, 연인들의 아름
다운 만남이 이루어지는 낭만과 예
술이 함께하는 공간으로 누구나 이

곳에서는 예술가가 될 수 있다. '자유의 다리'를 지나니 '루브르'가 보인다. 외부에서 멀리 바라보는 '루브르'의 웅장함이 새로운 느낌을 준다.

셴 강변에는 아름다운 선박들이 여유롭게 정박해 있다. 수상 가옥이라고 하는 아름다운 선박들의 창 안으로 거실도 보이고, 주방과 침실도 보인다. 이곳에서 낭만을 즐기는 부유한 사람들의 이채로운 삶의 풍속도다.

'생샤펠 교회'의 종탑이 하늘 높이 치솟아 고딕양식의 특징을 잘 보여주고 있다. 신앙심이 깊었던 루이 9세가 예수의 성 유물을 안치하기 위하여 세운 건축물이다. 고딕의 특징을 살린 수직선과 스테인드글라스가 돋보이는 아름다움을 간직한 교회로 평민과 왕족이 함께 예배를 보았던 곳이다. '생샤펠 교회' 곁에는 또 하나의 대표적인 고딕양식 건축물 '노트르담 대성당'이 있다.

'노트르담 대성당'은 셴 강의 '시테섬'에 세워진 것으로 1163년 주교 쉴리에 의해 시공되어 1320년에 완성된 성당이다. '노트르담'은 '성모마리아'라는 뜻을 가지고 있으며, 이 대성당에서는 '잔다크의 명예회복 재판', '나폴레옹의 대관식', '미테랑 대통령의 장례식' 등 프랑스의 중요 행사들이 이루어진 곳으로 세계의 주목을 받고 있는 곳이기도

하다. 빅토르 위고가 쓴 '노트르담의 꼽추'를 원작으로 한 영화에서 종
탑 꼭대기에 오른 꼽추가 미친 듯 종을 울려대던 모습이 아직도 기억 속
에 생생하기만 하다. '노트르담 대성당'에는 2개의 거대한 탑 이외에 중
앙에 있는 '최후의 심판의 문' 북쪽의 '성모 마리아의 문', 남쪽의 '성
안나의 문' 등 3개의 웅장한 문이 아름답고, 그 위에 새겨진 조각 작품
들이 걸작으로 더욱 빼어나다.

　멀어져가는 '노트르담 대성당'에서 시선을 떼지 못하고 아쉬워하는
가운데 유람선은 계속 이동하며 센 강 중앙에 위치한 '생루이 섬'을 한
바퀴 돌아 다시 올라왔던 곳을 내려가기 시작한다. 오른쪽으로 시청사가
나타난다. 화려하고 장엄한 외관이 공공기관인 시청사라고 하기에는 어
울리지 않을 정도로 웅장하고 근엄한 건물이다. 프랑스 혁명의 3대 정신
인 자유, 평등, 박애를 실천하고 있는 프랑스의 시청이다.

　새로운 다리라는 의미를 가지고 있는 '퐁네프 다리'가 나타난다. 이
다리는 파리에서 가장 오래된 다리이다. 아내가 파리에서 루브르와 고흐
의 집, 모네의 집 등 유럽 문화와 화가들의 역사 흔적을 찾아 다니며 공
부하던 시절, 이곳에서 센 강의 아름다움을 수채화로 그리며 인생의 아
름다운 추억을 만들던 곳이기도 하다. '퐁네프 다리'의 중간 중간에 반
원형의 독특한 공간이 만들어져 있어 다리를 찾는 이들이 센 강을 내려
다보며 여유로운 낭만을 즐기기에 좋다. 센 강을 몰아붙이듯 불어오는
강한 바람에도 아랑곳없이 '퐁네프 다리' 위에서 센 강을 내려다보며 즐
거워하는 사람들의 모습이 아름답기만 하다.

반 고흐의 무덤 앞에서 명복을 빌다

고흐의 무덤에서

고흐가 마지막으로 삶을 마감한 마을은 오베르 쉬르 우아즈이다. 온 마을이 고흐의 흔적으로 연출되어 있는 마을이다. 고흐가 단지 2개월 정도 살면서 70점 정도의 그림을 남겼다. 고흐의 마을 구석구석 고흐가 앉아서 그림을 그린 곳에는 어김없이 고흐의 작품이 들어있는 그림판이 설치되어있다.

마을의 중심 언덕에 17세기 이탈리아 출신 은행가에 의해 지어졌다는 로베르 쉬르 우아즈 성이 있다. 잘 가꾸어진 정원과 내부에는 고흐의 식당, 기념홀, 기념품 매장 등이 있다. 오베르 마을이 한 눈에 내려다보이는 아름다운 곳이다.

고흐가 그림을 그린 시청, 오베르 교회, 고흐의 동상, 고흐가 마지막 살았던 여관 건물 등을 만날 수가 있다. 12세기 로마네스크 양식으로 건축된 오베르의 교회가 고흐가 그릴 때의 모습으로 변함없이 서있다. 언덕배기에 밀밭이 있고 어김없이 고흐의 '까마귀가 있는 밀밭'을 그린 위치에 그림 표지판이 서있다.

고흐의 마지막 풍경중의 한 작품이다. 그는 행복해지기 위해 죽음을 생각하면서도 격렬하고 광란에 가까운 소용돌이로 요동치는 작품을 그리고 있었다. 이젤과 캔버스 그리고 물감통을 메고 있는 그의 동상도 있다. 모습은 남루해 보이지만 그의 열정이 살아 숨 쉬고 있는 느낌이다.

오베르의 가장 높은 언덕배기에 공동묘지가 있다. 묘소 정문을 들어서니 가까운 곳에 초라한 빈센트 반 고흐와 그의 동생 테오의 묘가 나란히 누워있다. 다른 호화로운 묘들과는 다르게 평범하고 조촐한 녹색의 덩굴로 장식된 작은 두 무덤이다.

고흐의 명복을 빌며 기도를 한다.

오베르 교회

"하나님 생전에 평화와 행복을 느낄 수 없어서 살아있는 것이 인생의 고통이라 생각하며 삶을 저주했던 고흐를 용서하시고, 천국에서 마음껏 그림을 그리고 마음껏 행복을 맛 볼 수 있는 고흐가 그의 동생 테오와 함께 영원하기를 도와 주시옵소서"

태양의 화가 정열의 화가라고 불리었던 고흐는 1853년 3월 10일 네델란드 춘데르트에서 부친인 칼빈교 목사의 장남으로 태어났다. 그리고 4년 뒤에 평생 고흐를 도우며 살았던 그의 동생 테오가 태어났다.

고흐에게는 3명의 백부가 있었는데 그들은 모두가 그림을 매매하는 화상이었다. 그 영향으로 고흐는 헤이그에 있는 구필 갤러리에 취직이 되었고, 그런 환경에서 동생 테오와 서신을 왕래하며 살아가는 환경을 갖게 되었다. 어쩌면 고흐를 이해하는데 큰 도움이 되는 것은 고흐의 그림보다도 동생 테오와 주고받은 서신의 내용이 큰 몫을 하고 있다.

고흐가 20세가 되던 해 구필 갤러리 런던 지점으로 전임되어 하숙집 딸에게 구혼했다가 거절당한 충격은 고흐의 삶에서 가장 큰 충격이었으며 정신적으로 큰 타격을 받았던 사건이었다. 그 후 고흐는 파리로 근무지가 바뀌었고, 고객들과 잦은 충돌은 그를 화상의 점원에서 해고되는 경지에 이르게 된다.

그 후 그는 부모가 계신 에텐으로 돌아갔고, 그의 신앙심이 깊어지면서 목사의 아들로 태어난 그의 꿈에 걸맞게 목사가 되겠다는 결심을 하게 된다.

부르셀 전도사 양성소에서 3개월간의 전도사 양성 과정을 마쳤는데도 전도사로 임명되지 않은 고흐는 자비로 보리나쥬 탄광지대로 갔다. 그 곳에서 탄광지대 빈곤층 사람들에게 임시 전도사의 자격으로 신앙과

고호 동상 앞에서

국어를 가르치면서 헌신적인 생활을 했다. 그러나 탄광이 폭파되고 떠돌이 방랑자가 되어버린 고흐는 화가가 되기로 결심을 한다.

1880년 그의 나이가 27세가 되던 해 데생공부를 시작한다. 해부학과 원근법을 공부하고 그는 그림을 본격적으로 그리기 시작한다.

1882년 창녀 시앵과 동거를 시작하면서 그를 모델로 그린 '슬픔'으로 그의 최초 유화를 탄생시킨다. 그러나 시앵과의 동거는 20개월로 마감하고 그는 화가들과 친교를 갖게 된다. 시앵과 헤어진 후 가족들에게 돌아온 고흐는 목사관 창고에 아틀리에를 꾸미고 제작에만 열중한다. 1984년 연상인 마르고트와 사랑에 빠져 결혼을 하고자 하였으나 그녀의 가족들의 반대에 부딪쳐 또 한 번의 사랑은 마르고트의 자살로 끝이 난다.

농민들의 인물 습작에 전념하면서 '감자 먹는 사람들', '농부의 얼굴' 등을 제작한다. 1886년에는 안트워프 미술 아카데미에 입학하였으나 신경 과민 증세가 점점 심해져 포기하고, 동생 테오에게로 가서 함께 지내게 된다. 로트렉, 베르나르 등과 사귀면서 고흐의 그림은 더욱 밝은 색채로 변하기 시작한다.

고흐의 생활은 음주와 퇴폐적인 생활로 건강은 나빠지고 있었다. 그러나 술집에서 피사로, 드가, 쇠라, 시냑 등과 함께 친해지면서 그는 인상파의 점묘파 기법에 심취하게 된다.

1888년 로트렉의 조언으로 파리를 떠나 아를로 간 고흐는 지중해 연안을 여행하면서 흰 아틀리에가 있는 노란집으로 이사를 하고, 이곳에서 우체부 룰랭을 알게 된다. 화가들과 공동생활을 희망했지만 고갱만이 동조하여 고갱과 함께 생활을 시작했다. 그러나 둘은 다툼으로 인해 헤어지게 되고 귀를 자르는 사건으로 병원 생활을 하게 되었다. 병원에서 퇴원한

고흐는 '귀를 자른 자화상', '양파가 있는 정물', '자장가' 등의 작품을 제작한다.

건강상태가 악화되면서 결국 아를 근교의 정신병원에 자진 입원하기에 이르고 그 사이에 동생 테오는 결혼을 하고 아들을 얻게 된다.

브르셀의 20인전에 출품한 '붉은 포도밭'이 400 프랑에 팔리게 되었다. 이는 고흐 생애 중에 공식적으로 팔린 단 한 점의 유화이다.

동생 테오를 만나기 위해 파리로 온 고흐는 오베르를 방문하게 된다. 1890년 5월이다. 고흐는 매일같이 그림도구를 꾸려 가지고 그림을 그리러 오베르를 누비고 다녔다. 그것이 2개월 정도다. 7월 27일 고흐는 권총 자살을 시도한다. 29일 파리에서 달려온 동생 테오 앞에서 37세의 일생을 마감한다.

'인생의 고통이란 살아있는 그 자체다. 나도 행복해 지고 싶다. 나는 그 행복을 찾고 싶다. 그래서 나는 죽는다.'

고흐가 마지막으로 지낸 곳

고흐가 테오에게 보낸 마지막 편지에는 그가 찾고 싶었던 행복에 대한 간절함이 절절하다. 그러나 고흐가 죽은 지 6개월 후 동생 테오도 정신착란을 일으켜 우트레히트 병원에서 숨을 거둔다.

비운의 형제는 갔지만 그들의 향기는 영원하다. 오베르의 언덕에서 고흐의 명복을 빌고 길을 내려오며 느끼는 허탈감은 무엇을 의미하는 것일까 ?

인간 고흐의 영전에 명복을 빌고 그에게서 열정과 집념을 작품과 연결하는 비법을 알게 된다.

고흐여 ! 그대는 영원한 예술가일 뿐 당신이 겪어야 했던 고통은 하나님의 선물이었습니다.

쏘 공원 전경

아름다운 쏘(Sceaux) 공원을 걷다

프랑스에서 전시활동을 한지가 벌써 4년의 세월이 흘렀다. 이제 여유를 가질만하기도 한데 오직 목표의식에만 빠져있는 내 자신이 딱하기만 하다.

오늘은 프랑스 파리의 남쪽 가까운 곳에 있다는 '쏘 공원' 스케치 나들이에 나섰다.

쏘 공원의 입구에 도착하면서 심상치 않은 역사를 자랑하는 가로수들을 만났다. 연륜과 예술적인 가로수의 행렬에 어안이 벙벙해진다. 공원 입구로 들어서자 멀리 보이는 궁전과 같은 건물들이 흥미와 기대감을 갖게 한다. 궁전 가까이에 표지판이 설치되어 있다. 그 안에 '노트르'의 이름이 선명하게 보인다.

이 곳이 프랑스의 또 하나의 베르사이유 궁이라고 들은 이야기가 실감난다. 바로 공원의 설계를 베르사이유를 설계한 '노트르'가 직접 설계한 '쏘' 공원이기 때문이다. 그 면적만도 181헥타, 약 55만평에 해당한다고 하니 그 거대함을 수치로 계산 할 수 없는 대단한 공원임에 틀림이 없다.

17세기 루이 14세의 시대에 왕정의 재무를 담당했던 Jean Baptiste Colbert라는 권력가가 이 지역의 땅을 모두 매입하여 베르사이유를 설계하고 꾸몄던 건축가들과 예술가들을 모두 동원하여 성을 만들었다고 한다.

그러나 프랑스의 시민혁명은 베르사이유 궁은 물론 이 곳까지 용서할 수가 없었다. 그 후 이곳은 농경지로 활용하였고, 1828년 경 Trevise 후작에 의해 재건축되어 사용하였다고 한다.

1차 세계대전이 끝나고 1925년 프랑스가 이곳을 문화유적지로 등록하면서 17세기와 18세기를 거치면서 귀족들의 개인 소유였던 공원이 20세기에 들어와 공유지로 바뀌게 되었다. 이 곳의 성은 1937년 프랑스 박물관으로 지정되었다. 아름다운 것을 말로 표현하는 데 익숙하지 못한 아쉬움이 가득하다.

이런 곳의 아름다움을 말로 설명한다는 것은 그 자체가 무모한 짓이란 생각이 든다. 한쪽에 앉아 스케치를 해보지만 역시 이 곳의 이야기를 다 담아내기에는 역부족이다. 아름다운 한 마을을 하나의 정원으로 가꾸어 놓은 광활함이 가슴 속까지 후련하게 만든다.

아름다운 숲들이 연속되고 바다 같은 광활한 연못에서 품어나는 아름다운 분수들, 숲과 정원을 연결하는 아름다운 산책로, 그리고 거대한 성, 요소 요소에 서 있는 조각 작품들 모두가 조화로운 아름다움을 만들고 있다.

무엇보다도 이 아름다움을 아름다운 마음으로 찾고 즐기고 있는 프랑스 사람들이 부럽고 아름답게 보인다.

그랑팔레

2014

Salon 2014 ART EN CAPITAL
Artistes Independants / Grand Palais
2014.11.25~11.30

프랑스 국립살롱전, ART CAPITAL

나무 한그루 "SOOMUKHWA – COREE"

The Light-3, 73.5x139.0cm, 한지 진채, 2014

1956년 이응로 선생은 '동양화의 감상과 기법' 이라는 책을 편찬했다. 나는 이응로 선생과 같은 고향에서 태어난 행운으로 그의 책을 일찍 접할 수가 있었다. 이응로의 후예가 되어 수묵화에 입문한지 3년 만에 미술대학에 진학하였고, 그곳에서 나는 또 다른 스승 박생광과 이열모를 만났다. 그것은 단순히 수묵 활용 범위를 넓히는 수준이 아니었으며, 한 인간을 예술가로 키우는 거대한 프로젝트의 시작이었다.

대학 졸업 후에 또 다른 스승 조평휘를 만난 것은 내가 1963년 이후 50년을 하루같이 수묵화를 그릴 수 있게 해준 원동력이었으며, 행운이었다.

스승들이 걸어간 삶의 흔적을 찾아 새로운 여행을 시작한다. 나는 그들이 걸어온 삶의 현장을 찾아 그들이 겪어온 세월을 음미한다. 그 세월 속에 무쳐있는 크고 작은 인고의 사연들을 만난다.

박생광이 노년에 인도 여행을 통하여 새로운 예술적 감흥을 얻었다는 아잔타 석굴도 찾았다.

아잔타의 벽화에서 나는 석가도 만났고, 박생광의 흔적도 찾았다. 그리고 예술가는 혼자만의 상상과 생각만으로 작품을 만들 수 없다는 사실도 새삼 느꼈다. 프랑스의 체르니치 박물관에서 이응로의 흔적도 찾았다. 그가 뿌린 한국 수묵화의 향기가 센 강을 유유히 흐르고 있음도 확인하였다.

나는 2012년 루브르의 까루젤관에서 처음 작품을 발표하였다. 2013년에는 프랑스 컬럼비아 갤러리에서 개인전도 가졌고, SNBA, 프랑스 국립 예술 살롱전에도 참가하였다. 이제 2014년을 보내면서 프랑스에 제법 익숙해진 몸짓으로 개인전과 함께 SNBA와 그랑팔레 프랑스 국립 살롱전에 참가한다.

이제 독특한 수묵의 향기를 은은하게 풍겨주는 나무 한그루를 센 강 가에 심고 싶다. 국가와 민족, 역사와 시대를 초월하여 영원불변의 향기를 영원히 품어줄 그런 나무 한그루를 심고 싶다. 동양과 서양을 함께 어울러줄 향기 넘치는 나무, "SOOMUKHWA – COREE"를 말이다.

The Light-1, 119.5x182.0cm, 한지 진채, 2014

음악을 하는 이는 악기를 연주하고, 문학을 하는 이는 시를 읊고, 무용을 하는 이는 춤을 춘다. 그리고 화가는 그림을 그린다. 화가의 그림 속에는 사랑이 있고, 정렬이 있으며, 진실이 있다. 그리고 그 속에는 음악도 시도 춤도 함께 있다. 그리고 그것들은 자연스럽게 함께한다.

인간이 부모를 만나듯 자연과 인간의 만남은 필연적이며 고귀한 것이다. 인간은 그 자연 속에서 또 다른 사람들과 만나고, 함께 만들어내는 예술을 즐기며 살아간다. 자연과 인간, 만남과 사랑, 그것은 인간이 존재하는 삶 중에서 가장 소중한 것들이다.

사랑은 가족과 사회를 만든다. 그리고 사랑은 예술과 역사를 만든다. 예술가는 숭고한 사랑의 창조자이며 아름다운 자연의 대변인이다. 예술가는 철학적이고 예술적인 감성으로 자연을 대변한다.

현대미술은 형태를 추상화하는데 있다고 생각했던 우매한 시기가 있었다. 현대미술이란 현대인들이 향유하고 즐길 만한 가치가 있는 그림이

The Light-5, 63.5x93.5cm, 한지 진채, 2014

어야 한다. 그림이 구상이냐 추상이냐 하는 것은 단지 작가가 표현하고자 하는 표현방식의 문제다. 추상이냐 구상이냐 하는 것보다 더 중요한 것은 작가가 자연을 해석하고 분해하는 과정에서 얻어지는 미립자들이 얼마나 진실한가 하는 것이다. 물론 인간의 마음과 정렬의 형태가 모양을 가늠하기 힘든 것들이어서 그림이 추상적 형태로 나타나는 것은 어쩌면 당연한 현상일지도 모른다.

수묵화의 향기 속에서 자라난 내가 그려내는 그림 속에는 당연히 수묵화가 지닌 한국의 고유문화와 서정을 담고 있다. 나는 자연과 인간의 만남과 만남 속에서 만들어지는 진실된 사랑을 표현하고자 한다.

아름다운 모습들을 화폭 위에 그리고자 하는 나는 내 자신의 삶 그 자체를 화폭 위에 담고 싶다. 작가는 예술과 함께 평생을 살아가는 고귀한 삶의 이야기를 표현한다. 예술가적 풍부한 경험과 감성을 개성 있는 언어로 표현한다. 사고와 열정들이 캔버스 위에 하나, 둘 모여 선을 이루고 아름다운 색채로 바뀔 때 예술가는 희열을 느끼며, 그 희열의 정도는 작품의 가치의 척도가 된다.

아름다운 작품은 아름다운 향기가 있다. 나는 이 모든 향기를 포함하고 있는 한그루의 나무 "SOOMUKHWA – COREE"가 가장 개성적이고 창의적이며 예술적인 나무로 자라기를 기대한다. 아름다운 열매가 맺어지고, 센 강의 물결위에 아름다운 그림자가 만들어질 때 우리는 동양과 서양이 함께 어우러지는 또 하나의 세계를 맛볼 수 있을 것이다.

한국과 프랑스의 문화가 만나 하나가 되는 아름다운 결실을 맛보게 되는 그 순간을 기대하며, 이번 전시회를 열어주신 컬럼비아 갤러리에 감사하고, 앞으로 한국과 프랑스의 문화교류 확대가 세계문화 발전에 공헌할 수 있는 또 다른 계기가 되기를 기대한다.

Planting A Tree - 'SOOMUKHWA de Corée'

In 1956, Lee Ung-No published a book called The Art and Method of Oriental Paintings. Fortunate enough that I was born in the same hometown as Lee and I could get a hold of his book quite early in my life. Three years after I was first introduced to Soomukhwa through Lee Ung-No's book, I became a student at the college of fine arts, and I could encounter with my other inspiring teachers, Park Saeng-Kwang and Lee Yeol-Mo. It was a meaningful encounter not simply because it expanded my usage of ink-wash painting techniques but because it was a part of a significant process that brought me up as an artist. After getting out of college, I finally met another teacher of

The Light-6, 63.5x93.5cm, 한지 진채, 2014

mine, Cho Pyong-Hui. Cho has been a source of inspiration and a driving force that allowed me to keep working on Soomukhwa for last fifty years since 1963. When I look back, I can hardly believe my luck.

I started a new journey, walking along the traces of my teachers' lives. I visited where they have been and I had a glimpse of what their lives look like. I encountered their stories of perseverance, great and small, buried deep in the layers of time. I visited the Ajanta Caves from which Park Saeng-Kwang once told he gained a new artistic vision. I could sense Buddha from the walls of the Ajanta Caves and I could also feel the way in which Park was standing there, stuck by the imagination of the ancient. I realized that no art can be created in vacuum. I found the traces of Lee Ung-No as well at the Museum of Cernuschi in France. Along the Seine River, I could smell the scent of Korean Soomukhwa introduced to Europe through Lee's

만남-1, 63.5x93.5cm, 한지 진채, 2014

works of art.

In 2012, I presented my works to French audiences for the first time at the Carrousel of the Louvre. In 2013, my solo exhibition was held at the Columbia Gallery. I have also participated in the SNBA and the French National Art Salon Exhibition. Now I have got another chance of showing my works in France through the upcoming solo exhibition and the salon exhibition at the National Gallery of Grand Palais. Just like my teachers, I have been thinking of leaving my own traces near the Seine River. I would like to plant a tree that bears a delicate scent of Korean Soomukhwa and whose scent can appeal to anyone across time and space beyond the national and ethnic boundaries. A tree called 'SOOMUKHWA de Corée.'

A musician plays music. A poet recites poems. A dancer dances. And an artist draws paintings. There are love, passion and truth in the paintings of an artist. There are also music, poem and dance in the paintings and they are all in a natural harmony. The encounter between nature and human is inevitable and invaluable just like the way in which human beings are born to their mothers. Enfolded in nature, people are supposed to encounter with others and live their lives, enjoying the works of art that they have created together. Nature, human beings, new encounters and love are the most precious things in the world. Love makes family and society. Love also makes art and history. An artist is the creator of noble love and the advocate of beautiful nature. An artist speaks for nature in a philosophical and artistic sensibility.

There was a time of ignorance that modern art is all about abstraction of forms. But I believe modern art is supposed to be the one that people can share and enjoy. Whether a painting is representation or abstraction is just a matter of artistic expression. What is more important is how much authentic and truthful an artist can be during the process of analyzing nature and disassembling it into small particles. It might be apt to believe that a painting naturally becomes abstract as it is too difficult to shape and sort our minds in measurement forms.

I was brought up as an artist surrounded by the scent of Soomukhwa and consequently my paintings contain lyricism and unique Korean culture embedded in Soomukhwa. I would like to portray truthful love blooming out of the encounters between human and nature. I want to draw on the canvas my life itself devoted to capturing the beautiful moments through paintings. An artist is to tell the story of his/her noble life that flows side by side with art. The story unfolds in an artistic sensibility and a wealth of experience of the artist. An artist feels joy when thoughtful passion gets transformed into beautiful lines, colors and shapes on the canvas, and the degree of that joy becomes a criterion that determines the value of a work. A beautiful work of art has its own beautiful scent. I wish that this tree called 'SOOMUKHWA de Corée' with its own scent would grow into one of the most original, creative and artistic trees. When it bears fruits and it casts a beautiful shadow over the waves of the Seine River, we will be able to see another world that East and West become intertwined in harmony. Expecting the moment of encounter between Korean and French Cultures, I would like to express my gratitude to the Columbia Gallery who holds this exhibition. I also hope in the future the exchanges between Korea and France will be able to contribute to the global cultural development.

만남-2, 63.5x93.5cm, 한지 진채, 2014

프랑스 국립살롱전, S.N.B.A

동방의 빛으로 영혼을 그린다.

Ⅰ 예술가와 예술형식

Nature-1, 45.5x53.5cm, 한지 진채, 2014

참된 예술작품은 비밀로 가득 차고 수수께끼 같은 신비스런 방식으로 예술가에 의해 창조된다. 예술작품은 예술가로부터 분리되어 독립된 생명을 얻는다. 개성화 되고 정신적인 호흡을 하는 독립적인 주체가 된 작품은 물질적인 현실생활을 영위하는데 실체로 존재한다. 그러므로 예술작품은 우연히 생겨난 현상도 아니며, 또한 정신생활 속에 무관심하게 머물러 있는 현상도 아니다.

예술작품은 다른 모든 실체와 마찬가지로 계속적으로 창조하는 능동적인 힘을 갖고 있다. 예술은 인간의 영혼을 발전시키고 순화시킨다.

예술은 작가의 고유형식으로써 사물에서 영혼에 이르는 말을 주고 받는 언어이며 영혼이 이런 형식을 통해서만 획득할 수 있는 양식인 것이다. 예술가에게는 형식을 자기 목적에 필요한 만큼 다룰 수 있는 권리와 의무가 부과되어 있다. 다만 예술가가 수단을 선택함에 있어서 완전한 무제한적 자유가 필요할 뿐이다. 예술가는 무엇인가 전달하지 않으면 안 된다. 무릇 예술가의 임무라는 것은 형식을 지배하는 데에 있지 않고 내용에 적합한 형식을 만드는 데 있기 때문이다. 내적 영혼의 필연성에서 생겨나는 아름다움을 표현하는 적합한 형식 말이다.

II 형태언어와 색채언어

음악적인 음은 영혼에 이르는 직접적인 통로이다. 노란색, 오렌지색, 붉은 색은 환희와 풍요의 관념을 일깨운다. 음악과 회화는 깊은 연관성을 보여준다.

회화는 작가의 예술적 감성에 의한 추상적 의미로 발전해 마침내 순수한 회화로 구성된다. 회화의 구성은 색채와 형태 두 가지 수단이 사용된다.

Nature-2, 45.5x53.5cm, 한지 진채, 2014

공간이나 평면에 대한 순수한 추상적 형태는 독자적으로 존재할 수 있지만 색채는 독자적으로 존립할 수 없다. 색채는 무제한으로 확장될 수 없는 것이다. 형태 자체는 추상적이고 가하학적이라고 할지라도 그 속에는 작가의 내적인 음악적 요소와 정신적 실체감을 가지고 있다.

형태의 조화는 오직 인간의 영혼을 움직이게 하는 법칙에 근거한다. 형태와 색채의 상호관계는 분명하다. 다양한 색채들이 다양한 형태에 의해서 작품의 가치를 강조할 수 있고, 또 무디게 할 수도 있다.

대립과 모순 이것은 하모니이다. 하모니에 기초한 구성은 형태와 색채를 통합하는 것이다. 이 통합은 그 자체가 독립적으로 존재하며 또 내적 필연성에 의해서 도출된다. 이렇게 해서 생성되는 공통적인 생명체가 바로 그림인 것이다.

III. 수묵의 정신세계

동양의 수묵은 본래 탈속의 자유해방을 구가했던 초월성의 특성을 가지고 있다. 작가가 수많은 지식과 체험에 의한 과정을 섭렵하고 궁극적으로 표현하게 되는 것이 사의적인 세계이다. 이는 사물을 눈으로 해석하기 보다는 마음으로 해석해야 된다는 것이다. 결국 산을 그리는데 산의 모양에 빠지지 아니하며, 나무를 그리는데 나무의 생김을 그리지 아니하고, 사람을 그리데 그 모양을 그리지 아니한다는 옛 성현들의 명언으로 회화의 세계는 함축된다.

작가는 현상에서 만나게 되는 대상들의 형상에 치우치지 말고 가슴으로 해석되는 심경의 세계를 영혼의 힘으로 그려야 한다. 단순화 된 대상들은 작가의 순간적인 감성과 결합되어 하나가 되고, 작가는 최후의 필묵으로 잠재적 의식세계를 영혼의 힘으로 표현하게 된다.

작가는 무(無)의 원천인 백색의 공간 위에 영혼을 창조한다. 항상 침묵으로 일관한 백색의 여백 속에 은밀한 영혼의 함성을 그린다. 언제나 가능성을 만들어 주는 여백 위에 표현되는 수묵의 세계는 시공을 초월한 인간과 자연의 대화에서 만들어지는 부호로 그려진다. 이는 작가만이 갖는 고유 언어이며 작가만이 보유할 수 있는 고유 창작세계이다.

IV. 오방산수의 추상세계

칸딘스키는 정신적 영혼의 세계가 내면적인 것이기 때문에 그 영혼의 세계를 표현하는 것은 추상적 언어만이 가능하다고 생각했다. 추상적인 언어는 사물의 본질을 찾기 위해 형태를 재현하고 분석하는 과정에서 필연적이고 자연적으로 나타난다. 내면의 세계에 무형으로 존재하는 영혼 역시 형태와 색채로 표현된

Nature-4, 45.5x53.5cm, 한지 진채, 2014

다. 정신적 내면의 세계를 표현하는 추상 언어의 창조는 간단하지 않다. 그것은 다분히 복합적이고 다양한 표현기능을 함축성 있게 포함하는 기능적 언어이어야 하기 때문이다.

동양의 정신은 수묵의 흑백 변화에 의하여 수천 년을 변천해 왔다. 또한 흑백을 포함한 빨강, 노랑, 파랑은 동양의 오방색으로 동양의 정신과 영혼을 표현하기에 충분하다. 이제 찬란한 동방의 빛으로 동양의 정신과 내면의 세계를 추상적 언어로 표현하고자 한다.

화면 위에 아름다운 자연이 있고, 불어오는 바람결에 아름다운 꽃가루가 날린다. 창틈으로 새어들어 오는 찬란한 빛의 줄기가 영혼의 샘을 만들고, 그곳에서 시와 음악이 흘러나온다. 마음 속 내면 깊숙이 숨어있는 아름다운 영혼의 세계가 진정한 동방의 빛으로 새롭게 창조되기를 기대한다.

Nature-3, 45.5x53.5cm, 한지 진채, 2014

Drawing the Spirituality with the Light of the East

I. The Artists and Art Forms

"The true work of art is born from the 'artist': a mysterious, enigmatic, and mystical creation. It detaches itself from him, it acquires an autonomous life, becomes a personality, an independent subject, animated with a spiritual breath, the living subject of a real existence of being."

Therefore, artworks are neither an accidental being nor a phenomenon which remains impassive in the spirituality. As all

Valley, 93x63cm, 한지 진채, 2014

the substances do, works of art have the active power that make a constant creation. Art develops and refines the spirituality of humans. Art is language with which artists can help to communicate physical objects with the spirituality using their own art forms and through which the spirituality can acquire its own forms. An artist is entitled right and duty to deal with forms to serve his objectives. He needs a completely limitless freedom to opt for his own means. An artist is born to convey something the world around him. In general, the duty of an artist is not in controlling forms, but in creating forms which are appropriate for the content. The form appropriate to express the beauty from the inner necessity of the spirit is the one the artist is searching for.

II. The Language of Form and Color

Music is a power which directly influences the soul. Yellow, orange, and red raise the feeling of joy and affluence. Music and fine art are connected deeply with each other. Paintings are developed and composed into abstractness by the artistic sensitivity. Paintings are composed of two means, which are color and form. An abstract form in the space or plane surface can be autonomous being, but color cannot exist independently. Color cannot expand without any restriction. Being abstract and geometric in itself, form has a musical factor and spiritual substantiality which lie deep down in the inner world of the artist. Harmony of forms are only based on the law influencing the soul. The relationship between form and color is distinctive. Various colors can emphasize or depreciate the value of the works of art with their diverse forms.

Conflict and contradiction, they are harmony itself. The construct based on harmony is to integrate form and color. The integration exists autonomously and is drawn from the inner necessity through which a painting comes into existence.

Wind-2, 63.5x93.5cm, 한지 진채, 2014

Ⅲ. The Spirituality of the Ink-and-wash painting

The ink-and-wash painting of the Orient features a character of transcendence which attempts to be above worldly things. It is the world of ideology that an artist goes through a process of acquiring numerous experiences and vast knowledge and ultimately expresses. Things should be interpreted by the mind rather than be translated by the eye. What the old sages implied about the world of fine art is in a quote that you should not stick to what the mountain looks like when you draw a mountain, you should not draw what the tree looks like when you draw a tree, and you should not draw what a person looks like when you draw a person.

Artists should interpret the world around them with their heart and draw it with the power from the soul, not adhering to the forms of the objects. Simplified forms become one combined with the momentary sensitivity of the artist and the latent consciousness is expressed by the power of spirituality. An artist creates spirituality on the white canvas which is the source of 'nothing'. They draw the roar of the soul on the margin of white which constantly remains silent. The world of ink-and-wash painting is drawn with codes made in the conversation between the nature and human beings who are

Wind-3, 63.5x93.5cm, 한지 진채, 2014

free from time and space. The artist, therefore can claim the language and the domain to his own.

IV. The Abstractness of the Landscape Painting with Five-Colors

Kandinsky says that an abstract language only can express the world of spirituality because our soul is in the inner domain. Abstract language comes into being in the process of reproducing and analyzing the form to seek to discover the essence of objects. The spirituality which exists in incorporeity is expressed in a variety of forms and colors. The creation of abstract language which expresses the inner world is not easy. That is because the difficulty lies in the fact that it should be a functional language including complicated and expressive function by way of implication.

The spirit of the East has been undergone changes

Wind-4, 63.5x93.5cm, 한지 진채, 2014

through thousands of year by the change of white and black. The five colors of the East which are red, yellow, blue, white and black are not deficient in representing the spirit and soul of the East. At this very minute, I am looking at the beautiful mother nature on the canvas, and gazing the flower pedals floating on the wind. I am listening to the music and reading the poem springing the spiritual fountain made by the radiant sun. I wish the world of the soul hidden deep down in our heart can be newly created with the light from the East.

오랑주리 미술관

VISIT

오랑주리 미술관(Orangerie Museum)에서 모네를 만나다

1852년 건축가 피르망 부르조아(Firmin Bourgeois)에 의해서 설계된 오랑주리 미술관을 관람하기 위해 많은 프랑스 파리 시민들이 줄을 서있다. 맨 끝에 줄을 서서 그들의 여유 있고 당연한 기다림의 미학을 배우려 한다. 줄 옆에 '2 hour' 라는 표지판이 있다. 여기서 부터 2시간을 기다려야 된다는 뜻이다.

미술관 앞에 줄서는 시민들의 모습은 마치 행복을 기다리는 설렘을 간직하고 한 걸음 한 걸음 전진하며 기쁜 담소로 그들만의 행복을 만들고 있다. 조금 지난 듯 새로운 표지판 '1 hour' 가 시야에 들어온다.

프랑스의 어느 미술관보다도 작은 규모의 미술관이지만 아주 큰 미술

관이다. 본래 오랑주리는 루브르궁 튈르리 정원에 있는 오렌지 나무를 위한 온실이었다.

1914년 클로드 모네(Claude Monet)가 대작 수련을 국가의 전승을 기념하기 위하여 기증하면서 수련 작품 전시 공간에 맞게 설계가 이루어졌다. 주 전시관은 타원형 대형 방으로 두 방이 연결되어 있다. 타원형의 고리 2개가 하나로 연결되어 무한대의 기호를 연상케 한다.

두 방에 전시되어 있는 모네 수련 대작 8점 이외에도 이 미술관 안에는 피카소, 르누아르, 세잔, 마티스, 모딜리아니 등 유명 작가들의 작품들을 감상할 수가 있다.

모네는 1840년 파리 출생이다. 15세 때에 벌써 풍자화가로 유명해져서 그림이 팔리는 재능을 보이기 시작하였다.

그러나 모네는 20대를 가난과 싸우는 어려운 삶을 보내면서 자살까지 생각하였다. 친구 고디벨의 도움으로 다시 시작한 작품 활동은 그가 32세 되던 해에 해돋이 인상을 그려 인상파를 탄생하게 하였다. 그 후 34세부터는 계속해서 인상파전을 통하여 작품을 발표하였다.

모네는 1883년 그가 43세 되던 해 지베르니로 옮겨왔다. 물론 집은 세를 들어 살기 시작했다.

마르모탕 모네 미술관

1890년 집을 사들여 헛간을 아틀리에로 개조하고 2층을 올리고, 회색빛을 산뜻한 녹색으로 칠을 새로 했다. 지베르니 사람들은 모네의 집을 '모네의 녹색' 이라 불렀다.

모네는 초창기 마네의 많은 영향을 받았다고 볼 수 있다. 그러나 모네가 아름다운 계절에만 사로잡히지 않는 화가가 되기 위해서 그는 광선에 민감한 화가가 되어 모든 날씨와 계절에 상관없이 아름다운 자연을 표현하고자 하였다.

그 결과 인상파라는 세계 미술사에 커다란 이정표를 만들게 되었다.

모네의 말년은 부인과 사별하고, 아들까지 세상을 떠난 아픔을 감수하며 건강 상태가 아주 나빠지고 있었다. 그림에 대한 집념도 약화되고 있던 그때 오랫동안 친구로 지낸 클레망소의 위촉으로 오랑주리 미술관에 전시될 대 연작 수련의 제작이 시작된다. 모네의 나이 76세 때다. 그는 독백한다.

'그림을 그린다는 것은 참으로 어렵고 고된 일이다. 그림을 그리다가 절망을 느낄 때가 가끔 있지만 나는 표현하고 싶은 것을 다 표현할 때까지는 죽을 레야 죽을 수가 없다.'

모네는 새로 아틀리에를 짓고 그곳에서 12장의 수련 대작을 완성했다.

그러나 악화된 백내장으로 시달리며 약화되어가는 건강을 회복하지 못하고 지베르니에서 사망하니 그의 나이 86세였다.

프랑스 파리의 시내에는 오랑주리 미술관 이외에 또 하나의 거대한 모네 미술관이 있다. 바로 파리 16구 라넬라그 정원 맞은 편에 위치한 '마르모탕 모네 미술관' 이다.

나폴레옹시대 발미 공작이 별장으로 사용하던 것을 '마르모탕' 이 별장으로 구입하였고 그 아들 대에 와서 그들이 수집한 미술품과 함께 저택을 예술학회에 기증하였다. 기증된 작품들은 모두가 인상파 작가들의 작품이었다. 모네의 둘째 아들이 모네 작품 80점을 이곳에 기증하면서 마르모탕 미술관은 세계에서 모네의 작품으로 가장 많이 소장하게 되었으며, 미술관도 '마르모탕 모네 미술관' 으로 자리 잡게 되었다.

마르모탕 모네 미술관 전시장

베르사유에서 마리 앙투아네트를 만나다

루이 14세의 기마상

베르사유 궁은 파리 시내에서 22km 서남쪽으로 떨어진 시골 마을에 있다. 왕들이 사냥을 즐기며 여름별장으로 사용하던 곳이다. 1682년에 루이 14세가 파리의 루브르궁으로 부터 이 궁전으로 옮겨와 시민들과 거리를 유지하는 권력의 중심지로 만든 곳이다.

베르사유는 바로크 건축의 대표적인 작품으로 50년 동안 노력하여 완성한 궁으로 그 화려함이 극치에 달한다. 건축가 '르보'가 설계하고, 정원은 '르 노트르', 실내 장식은 궁정화가 '샤를르 브렝'이 참여하였다.

베르사유 궁 입구에 도착을 하니 넓은 연병장이 전개된다. 연병장 가운데 루이 14세의 기마청동상이 세워져 있다. 본래는 궁 안에 세워져 있던 것을 베르사유 복원 공사를 하면서 울타리 밖 연병장으로 나오게 되었다.

동상의 뒷쪽으로 멀리 베르사유의 황금빛 찬란한 정문이 시야에 들어온다. 황금으로 장식된 거창한 문을 보면서 프랑스 시민들의 분노를 이해할 수 있을 것 같은 기분이다.

거울의 방

베르사유는 본래 7,600 헥타르의 광활한 면적에서 시작되었다. 지금은 670 헥타르로 축소된 상태인데도 그 넓이의 정도를 측정하기가 힘들 정도로 광활하다.

베르사유 궁전은 왕과 왕비의 영역으로 나뉘어 여러 개의 방들로 이루어져 있다. 그리고 한 번에 2만 명을 수용할 수 있다는 궁전의 뜰, 정원 등으로 이루어져있다.

　가장 아름답고 화려한 곳은 아무래도 1919년 베르사유 조약을 체결한 곳인 거울의 방이다. 벽과 천정이 거울로 이루어진 길이 73m, 너비 10.4m 높이 13m에 이르는 대형의 방이다. 이루 다 표현할 수 없는 현란한 장식과 그림들로 채워진 거대한 이 방의 천정화는 마치 바티칸 미켈란젤로의 천정화를 연상하리만큼 샤를 르 브렝의 프레스코화 역작들로 메워져 있다.

　전쟁 중에 라인 강을 도하하는 장면, 그리스의 신으로 묘사된 루이 14세, 말발굽에 의해 짓밟히고 있는 네덜란드, 실감나는 천정화에서 시선을 뗄 수가 없다. 거울의 방 북쪽으로 전쟁의 방이 연결된다. 국왕을 상징하는 방이다. 국왕의 방 쪽으로 아폴론의 방, 전쟁신의 방, 다이아나의 방, 비너스의 방, 풍요의 방, 헤라클래스의

마리앙뚜아넷의 방

방 등이 연결된다.

거울의 방을 통해 왕비의 처소였던 평화의 방과 연결되어 있다. 평화의 방은 국왕의 왕비를 상징하는 방으로 귀족의 방, 나폴레옹의 방 등이 연결된다. 그 외에도 프랑스가 교회를 지키기 위해 벌였던 전쟁들을 기념하는 전쟁 갤러리, 타원형의 공간으로 뛰어난 음향효과를 자랑하는 궁중 오페라, 그리고 루이 14세가 매일 새벽미사에 참여하던 궁중 예배당 등이 있다.

궁전의 밖으로 나오면 정원과 분수와 조각 작품들이 즐비한 광활한 전원의 풍경이 전개된다. 어느 곳은 자연 그대로의 풍경이고, 어느 곳은 섬세하게 만들어진 인공 정원이다. 그리고 거대한 운하가 풍부한 수원을 제공하고 있다.

루이 16세가 왕위에 오르면서 마리 앙투아네트에게 선물한 프티 트리아농(Petit Trianon) 궁전이 있다.

베르사유의 장미라는 상징적 이름으로 알려진 마리 앙투아네트는 오스트리아의 공주다.

오스트리아와 오랜 숙적이었던 프랑스가 동맹을 위해 루이 16세와 정략결혼을 했다. 활달하고 사교적인 성격의 마리 앙투아네트는 프랑스 왕실로 부터 많은 보석과 화려한 삶을 보장 받았다. 결혼 후 7년간은 아기가 없었다. 그러나 첫 딸을 출산하면서 루이 16세는 앙투아네트에게 별장 프티 트리아농(Petit Trianon)을 선물하였다. 베르사유에 명물로 등장한 신고전주의의 건축물이다. 전원을 즐길 수 있는 마을을 이루고 있는 곳이다. 이곳에서 마리 앙투아네트는 파티, 가면무도회를 열면서 전원생활을 즐겼다.

프랑스 왕실은 왕실을 시민에게 공개하고 있었기 때문에 베르사유 궁전에서 왕비를 구경하기 위해 사람들이 많이 몰려오곤 했다. 그러나 적국출신이라는 이유로 소문은 좋지 않았다. 의상과 머리 손질을 좋아했던 마리 앙투아네트는 시민들에게 사치와 낭비로 살아가는 것으로 알려졌다.

1774년 루이 15세의 서거로 루이 16세가 왕위에 오르자 마리는 왕비가 되었다. 왕으로부터 선물 받은 궁전을 호화롭게 개조하는 등 좋지 않은 소문은 계속 되었고 더욱이 스웨덴 귀족 페르센 백작의 염문까지 확산되면서 마리 앙투아네트의 운명은 비극을 향하고 있었다.

베르사이유의 정원

마리 앙투아네트는 결국 오스트리아로 망명을 계획했으나 그 화려한 망명 행렬이 혁명군에 의해 발각되어 실패로 돌아가면서 결국 파리의 튈르리 궁전에 갇혀 혁명군의 감시 속에서 살게 되었다.

1793년 루이 16세가 콩코드 광장의 단두대의 이슬로 사라지고, 마리 앙투아네트도 단두대에서 참수를 당하게 되었다.

화려하고 아름다웠던 삶의 종말은 그가 남긴 한마디를 기억하게 한다.

'불행 속에서야 인간은 자기가 누구인가를 알 수 있다.'

프티 트리아농 별궁

37세의 나이로 생을 마감한 마리 앙투아네트가 살았던 궁전에는 아직도 그의 향기가 남아있다. 악기가 지키고 있는 방, 당구대가 지키고 있는 방, 아름다운 그림, 아름다운 침실, 아직도 마리 앙투아네트의 이름은 영원히 '베르사유의 장미'로 남아있다.

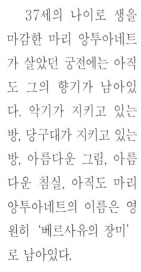

2015

Salon 2015 ART EN CAPITAL
Artistes Independants / Grand Palais
2015.11.25~11.30

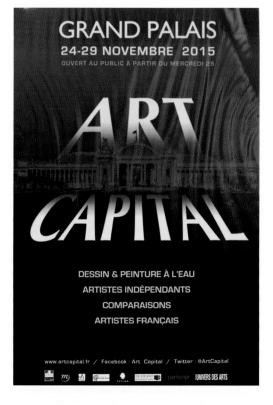

Biennale des Beaux-Arts
55 ème Salon
du 7 au 22 mars 2015

C
H
A
T
O
U

Emmanuelle
Lemetais

Ceytaire

Centre Artistique Jacques Catinat - Place Maurice Berteaux
du lundi au samedi de 14h à 18h, le dimanche de 10h à 19h, Entrée libre.

 Yvelines
Conseil général

세계 작가들의 로망 ART CAPITAL

/ 그랑팔레(Grand Plais)

1900년 파리 만국박람회가 열릴 때 에펠에 의하여 만들어진 파리의 명물 중 하나가 그랑팔레다. 에펠은 에펠탑과 함께 그랑팔레의 대궁전을 만들어 만국박람회장으로 사용하도록 하였다.

겉에서 보면 고대의 석조전과 같은 고궁으로 설계되어 있다. 그러나 외부로 나타난 상단부에는 유리와 철근을 사용한 글라스 돔으로 이루어져 있다. 마치 에펠탑과 자웅의 조화를 보이는 철근의 형상이 아름답게 보이는 궁전이다.

내부로 들어가 보면 상단 부분만 철근을 사용한 것이 아니고 완벽한 철근 궁전을 짓고 나서 이중으로 석조전을 쌓아 대궁전을 완성한 것이다.

황혼의 꿈-1, 227.3x181.8cm, 한지 진채, 2015

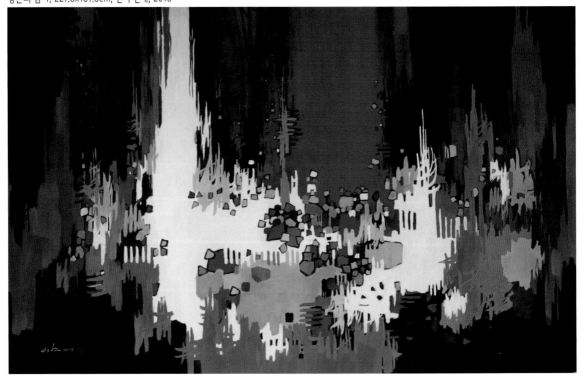

황혼의 꿈-2, 105x137cm, 한지 진채, 2015

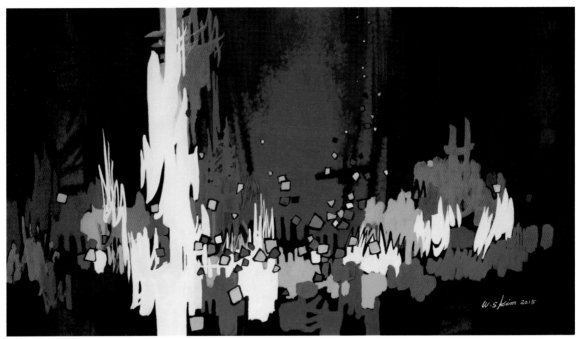

황혼의 꿈-5, 130.3x90.9cm, 한지 진채, 2015

철근과 볼트와 너트의 신비로운 구성으로 완성된 그랑팔레이다. 네 귀퉁이의 상단에 만들어진 청동상의 마차들은 더욱 품위 있는 아름다움으로 궁전의 분위기를 더해준다.

만국박람회가 끝이 나고 프랑스 정부는 그랑팔레를 프랑스에서 가장 공인되고 권위 있는 미술기획전을 개최하는 전시장으로 활용하고 있다. 그 중에 연말이 되면 상젤리제 거리의 크리스마스 축제와 함께 가장 크게 열리는 미술전람회가 있다. 바로 'ART CAPITAL' 이다.

프랑스에 있는 4개의 미술협회가 연합으로 이루어지는 'ART CAPITAL'은 4개의 부분으로 나누어져 미술협회의 개별성을 인정하면서도 하나의 전시회로 만들어 가고 있다. 각 미술협회마다 500여 명의 작가들이 초대되어 총 2,000명 이상의 작가들이 세계에서 참여하는 세계 최고의 규모를 자랑하는 전시회이며, 나는 2014년부터 'ART CAPITAL'에 참여하고 있다.

프랑스는 보수적으로 전통을 중요시하는 미술국가이다. 그들이 만들어온 르네상스 미술과 바로크 로코코 미술시대를 지나 근대미술의 역사를 그들의 자랑스러운 미술문화로 지켜가고 있다. 그들이 지키고자 하는 아카데미즘에 의한 전통 고수에는 변함이 없다. 그러나 이러한 프랑스 아카데미즘에 반기를 든 작가들이 있었다. 바로 앙데팡당 전을 만들어 아카데미즘으로부터 독립을 선언한 앙데팡당 파였다. 무 심사 미술전

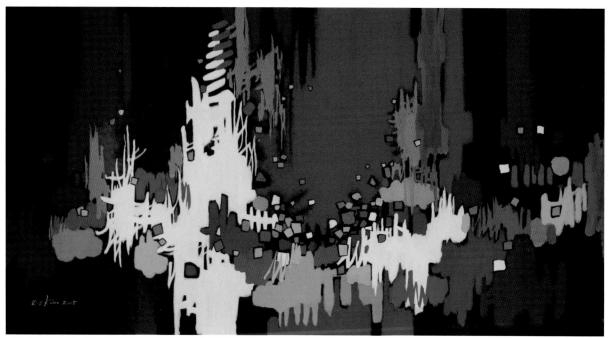

황혼의 꿈-7, 130.3x90.9cm, 한지 진채, 2015

람회를 만들어 심사도 시상도 없는 전시회를 만들어 작가의 개성을 존중한다는 것이 앙데팡당의 기본정신이다. 많은 작가들이 아카데미즘의 심사로부터 낙선을 맛보면서 작가들의 창의적인 면이 훼손되어가고 있음을 그들은 이미 알고 있었다. 그러나 19세기의 인상파 화가들이 나타나면서 전통적이고 교과서적인 미술교육과 작품 활동에서 벗어나고 싶은 작가들이 많았다. 개방과 독창성을 강조한 작가들은 모든 프랑스의 전통적 미술 전시회의 심사에서 낙선을 하는 경험을 하게 되었고 나아가서 그들은 전통으로부터의 독립을 선언하게 된 것이다.

1884년 독립을 선언한 작가들의 모임 즉 앙데팡당(Independence)이 만들어 졌다.

세계에서 수많은 작가들이 ART CAPITAL에 참여하기 위하여 1년에 한 번씩 몰려오는 곳이다.

100호 크기의 대작들이 걸리고 수많은 작가들은 미술 정보를 공유하며 미술 축제로 ART CAPITAL를 즐긴다. 이 축제를 통하여 예술가의 자유와 낭만과 인생의 멋을 배우게 된다. 그리고 역사 속에 흘러간 인물들을 통하여 내가 앞으로 걸어가야 할 새로운 예술가의 길을 찾아내곤 한다.

인고의 길, 고뇌가 언제나 함께 하는 길, 그 길을 찾아 우리는 함께 모이고 함께 웃고 함께 춤을 춘다.

샤뚜 비엔날레와 몽테송 아트 살롱전

Red Garden-2, 97.0x130.3cm, 한지 진채, 2015

프랑스에서 작품 활동을 하면서 전시회에 참가하는 방법은 화랑들이 이미 확보한 부스에 경비를 지불하고 참여하는 방법과 미술협회에서 1년에 한 번씩 주관하는 국립 살롱전에 참여하는 방법 그리고 공모전에 작품을 출품하는 방법 등 다양하다. 그러나 모든 전시가 심사과정을 거치는 것이 일반적이다. 물론 개인화랑의 초대를 받는 일도 있지만 경비를 들이지 않고 초대를 받는 일은 그렇게 쉽지는 않은 듯하다.

프랑스에 온지 5년의 시간이 흐르면서 프랑스 공모전에 출품하여 프랑스 작가들의 평가를 받아보는 것이 좋을 듯하다는 생각을 하게 되었다.

샤뚜 지역에서 이루어지는 프랑스 샤뚜 비엔날레와 몽테송 시에서 매년 이루어지는 몽테송 아트 살롱전에 작품을 준비하여 각각 2점씩 출품하였다. 심사결과 전시 작품으로 선정되어 두 곳에서 각각 2점의 작품이 전시되었다.

몽테송 아트 살롱전 오픈식에

참여하였다. 프랑스 사람들이 전시회에 대한 관심이 대단하다는 것을 느꼈다.

수백 명의 관람객들이 몽테송 시의 아트센터 전시장을 완전히 메우고 시장과 미술협회 임원과 작가들이 성대한 와인파티와 함께 오픈 행사가 열리고 있다.

전시회의 꽃은 초대작가의 개인전이다. 그 해의 최고 작가에게 주어진 개인전이 열리고 있다. 초대작가의 개인전 중심으로 전시가 진행된다.

몽테송 아트 살롱전의 오픈행사에 참여하면서 프랑스인들이 그림을 사랑하고 그림을 통하여 삶의 질을 향상하고 있는 것이 한 번에 이루어진 것이 아니고 역사를 가지고 함께 노력한 결과라는 사실을 알 수 있게 되었다.

몽테송 아트 살롱전 오픈행사에서 돌아오면서 초대작가로 선정되어 개인전을 갖던 젊은 작가의 미소와 작품들이 머리 속을 맴돌며 지워지지 않고 있음을 느낀다.

그러나 이곳은 프랑스 프랑스인들만의 자존심으로 만들어지는 행사에 초대작가의 꿈은 지나친 것임에 분명할 것이다.

공모전에 출품하여 심사를 통과하고 프랑스 작가들과 함께 어깨를 나란히 하며 전시를 할 수 있다는 것이 얼마나 감사한 일인가?

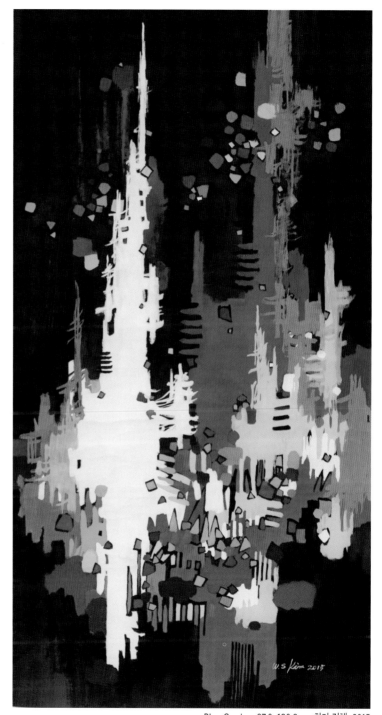

Blue Garden, 97.0x130.3cm, 한지 진채, 2015

Yellow Garden-1, 72.7x90.9cm, 한지 진채, 2015

Yellow Garden-2, 72.7x90.9cm, 한지 진채, 2015

로댕의 '지옥의 문' 과 '칼레의 시민상'

'로댕 미술관의 광활한 아름다움에 놀라다.'

파리의 중심부에 아름다운 정원을 가지고 있는 로댕 미술관은 18세기에 건립된 건물이다. 로댕이 말년에 사들여 작업실로 사용하던 것을 국가에 기증하여 문화부가 관리하고 있는 미술관이다.

로댕 미술관 설립을 반대한 세력들에 부딪친 논쟁 끝에 하원에서 표결까지 거쳐 만들어진 미술관이다. 이곳에는 로댕이 사용했던 가구 일체와 수집한 미술품, 기타 모든 자료가 기증되어 전시되고 있다.

로댕 미술관 정원

오귀스트 로댕(Auguste Rodin 1840~1917)은 13세 때 화가가 되겠다는 생각으로 소학원에 입학하였다. 18세기에 설립된 유서 깊은 아카데미에서 온전한 그림 공부를 할 수가 있었다. 이 시기에 소묘했던 13장의 누드 사생 작품이 지금도 로댕 미술관에 보관되어 있다.

로댕이 연필소묘만을 연습하다가 어느 날 조소실에서 점토가 반죽되고 그 점토가 마음대로 변하여 형태를 이루는 것을 보고 그는 조소 연구에 몰두하게 된다.

조소실에 처음 들어갔을 때를 회상하는 로댕은 천당에 들어간 듯한 기분이었다고 말했다. 17세 때까지 계속된 학습이 끝나고 그는 국립미술학교에 진학하기로 하였다. 그러나 세 차례나 시험에 낙방을 하면서 더 이상 가난을 극복할 수 있는 환경이 되지 못하여 그는 석공, 금공, 주조, 세공 등 닥치는 대로 일을 하여 생계를 이어 갈 수밖에 없었다.

누이 마리 로댕의 죽음을 견디지 못한 로댕은 모든 것을 포기하고 수도원으로 들어가 '오귀스탱'의 영세명으로 수도사의 길을 걷기 시작한다. 그러나 오귀스탱이 수도원장 '에아마르'의 초상을 만들었을 때 그의 재능을 인정한 원장은 로댕이 수도원을 떠나 미술 공부하기를 권했다. 결국 로댕은 수도원을 나와 극장 장식부에서 일을 하게 된다.

30세 때 그가 제작한 작품 '청동시대'를 둘러싼 비난은 그를 충격에 빠지게 하였다. 작품을 제작한 것이 아니고 실물에서 주물하였다는 것이었다. 작가들도 로댕을 변호했지만 인정되지 않았다. 그러나 그 후 10년이 지난 후 '청동시대'가 프랑스 미술가 전에서 가작 상을 받게 되고 그 작품을 정부가 사들이면서 일단 로댕은 실력을 인정받게 되었다.

그의 대표작은 '지옥의 문'이다. 로댕 미술관 야외 정원의 한쪽에 자리 잡고 있는 작품이다. 그가 40세 때 주문을 받아 37년의 세월에 걸쳐 완성한 최대의 걸작품이다. 단테의 신곡에서 영감을 얻은 작품에는 186명의 환조

로댕 미술관 정문

정원 풍경

칼레의 시민상

와 부조가 제작되어 있고, 그 중에 하나가 '생각하는 사람'이 포함되어 있다.

'지옥의 문' 옆에 또 하나의 걸작 '칼레의 시민'상이 있다. 칼레의 시민 역시 8년여의 제작과정을 걸쳐 만든 걸작이다.

광활한 공간에 숲과 잔디밭 그리고 정원 곳곳에 전시되어 있는 작품들 그리고 로댕의 저택 모두가 어울려 아름답고 거대한 미술관을 보여주고 있다.

로댕은 24세에 만난 로즈뵈레와 평생을 살았다. 그리고 그들 사이에서 아들 오귀스뜨 베레도 있었다. 그러나 그들의 결혼식은 1917년 로댕이 77세가 되던 해에 이루어졌다. 로댕 사후에 아내의 생활을 걱정한 결혼식이었지만 결혼 후 17일 만에 뵈레가 세상을 떠나고, 그해 11월에 로댕도 세상을 떠났다.

지옥의 문

앙투안 부르델(Antoine Bourdelle 1861~1929)

'앙투안 부르델의 활쏘는 헤라클레스'

부르델 미술관 부조 작품

프랑스 파리에서 가장 번화가라고 하는 몽파르나스 거리의 한 모퉁이 주택가에 부르델의 미술관이 있다. 부르델이 파리로 와서 최초의 아틀리에로 만들었던 곳에 지금은 부르델 미술관이 세워져 있다. 부르델은 이곳에서 45년간 긴 세월을 한 결 같이 작품 만들기에 전념했다.

미술관으로 들어서자 정원에 세워진 청동 '말' 1필이 방문객을 반긴다. 작품의 크기가 우선 거대하여 놀라고 또 그 리얼함에 다시 놀라게 된다. 아마도 알베아르 기념비 제작 당시 만든 말인 듯싶다. 복도의 한쪽에 '활을 쏘는 헤라클레스' 작품이 부르델을 실감하게 한다.

1861년 앙투안 부르델은 남 프랑스 몽토방에서 태어났다. 가구사의

정원의 작품

아들로 태어난 부르델은 양을 치
던 할아버지와 큰아버지의 양떼
속에서 어린 시절을 보냈다. 양들
에게 노래를 불러주고, 이야기를
들려주는 즐거움 속에서 나무를
깎아 목각을 만들고, 진흙을 반죽
하여 인형을 만들어 빵을 굽는 가
마에 구워 토기를 만들면서 목동
생활을 하였다. 마을학교에 들어가
서도 공부보다는 그림 그리기에 재
미를 가졌다.

소년 부르델은 가구를 만드는
아버지의 일을 도와 가구를 만들
기 시작하였는데 그의 솜씨가 우
수하다는 소문이 나기 시작했다.
한 은행가의 주선으로 가난한 15

정원의 기마상

부르델 미술관 정원

세 부르델은 툴루즈의 미술학교에 입학하여 8년 동안 미술공부를 하였다. 부르델은 그 곳에서 미술가가 되기 위한 기반을 형성하게 되었다.

그 후 몽토방 시의 주선으로 장학금을 만들어 부르델을 파리의 미술학교에 진학하게 만든다. 그러나 그는 미술학교를 끝까지 다니지 못하고 자신이 기본적인 미술공부가 충분하다고 결론을 갖고 학교를 중퇴하게 된다. 몽토방 고향의 사람들은 부르델의 결정에 실망감이 컸다.

그 당시 그는 베토벤의 음악으로부터 커다란 감동을 받았다. 그 감동은 그의 천재성을 발휘하여 베토벤의 흉상과 입상 45종의 다양한 상을 만들게 되었다.

부르델은 '음악과 조각은 같은 것이다. 조각가는 질량으로 조형하고, 음악가는 음조로 작곡한다.' 는 생각을 했다.

1893년 몽토방의 '1870년 싸움의 기념비' 제작을 맡게 되었고, 그 기념비를 본 로댕은 '이것이야 말로 현대 조각의 눈부신 비약이다.' 라고 극찬을 하였다.

그 후부터 약 15년 동안을 부르델은 로댕을 스승으로 따라 다녔다. 스승이며 친구이기도 했던 그들의 관계는 부르델의 작품 세계를 견실하게 만드는 계기가 되었다.

부르델의 걸작은 1909년 그가 48세 때 완성시킨 '활을 쏘는 헤라클레스' 이다.

영웅 헤라클레스가 영원히 우는 새 스튐팔리데스를 쏘려고 전력을 다해 활을 당기고 있는 긴박한 순간을 묘사한 작품이다.

바위를 누르고 있는 왼발, 구부려진 오른발, 새를 바라보는 긴장된 눈초리, 활을 당기는 씩씩한 헤라클레스, 작품은 부르델의 역작 중에 하나이다.

부르델이 10년간 공들여 만든 또 하나의 걸작은 '알베아르 장군 기념비'이다. 1912년 아르헨티나를 해방시킨 알베아르 장군의 기념비가 57체의 조상에 의한 작품들로 웅대한 공간 구성을 이룬 걸작이다. 또한 1929년 부르델의 마지막 기념비 작품은 시인 '미키에비츠'의 기념상이다.

부르델은 미키에비츠 기념상 제막식을 마치고, 바젤과 파리에서 부르델의 전람회도 마치고, 그는 파리의 근교에서 68세의 생애를 마치게 된다.

부르델 미술관의 정원 곳곳에 거대한 조각상들이 서 있다. 부

활쏘는 헤가클레스

활쏘는 헤라클레스 습작들

르델이 45년간 드나들며 온갖 정열을 바친 이곳에서 부르델의 발자국을 따라 걸어본다. 영원한 천재작가 부르델의 명복을 빌면서……

초대작가 선정 메달

2016

몽테송 아트 살롱전 초대작가 선정 초대전 / 동방의 빛

갤러리 몽테송 / 프랑스

2016.11.19~11.27

프랑스 몽테송 아트 살롱전 초대작가가 되다

- 프랑스에서 100점의 작품이 동시에 전시되다-

    1975년 프랑스 북부 조그마한 마을 몽테송에 그림을 좋아하는 사람들이 모여 미술협회가 만들어졌다. 몽테송 미술협회(A.P.A.M)는 매년 공모전을 통한 미술가 양성과 시민들에게 좋은 그림을 감상할 수 있는 기회를 부여하기 위하여 몽테송 아트 살롱전을 만들었다.

    금년(2015년)이 37회 아트 살롱전으로 크리스마스 축제와 함께 이루어진다.

거리의 포스터

나는 지난해 한인회 여류회장의 권고로 몽테송 아트 살롱전에 2점의 작품을 출품하였다. 2점 모두 심사를 통과하여 전시가 결정되었다는 통보를 받았고 전시가 오픈하는 날 나는 몽테송 아트센터를 찾아갔다.

프랑스에 테러사건이 일어나 시민들이 모이기를 꺼려하고 공포와 슬픔으로 가득찬 시민들이 애도 주간을 보내고 있는 시기였다. 몽테송에는 수백 명이 넘는 축하객들이 모여 축하의 와인 파티가 벌어지고 있었다.

시의회 의장의 축사에서 그는 테러 분자들을 이기는 일은 우리가 많이 모여 태연함을 보여주는 것이라고 강조하며 오늘의 이 같은 성대한 모임은 우리가 승리하고 있는 증거라고 말하고 있었다.

전시는 공모전의 심사를 통과한 작품들과 그 해의 작가로 선정된 한 명의 개인전이 동시에 이루어지고 있었다.

몽테송 아트 살롱전의 하이라이트는 한 명의 초대작가에 초점이 맞추어져 거대한 행사로 이루어지고 있었다.

2016년 2월 기적 같은 한 통의 전화가 걸려왔다.

몽테송 미술협회가 한국의 작가 W.S Kim을 2016년 초대작가로 선정하고 작가의 심사과정 상 작가의 아틀리에 심사를 3월 중에 하겠다는 내용이었다.

초대작가는 매년 단 1명을 선정한다. 초대된 작가에게는 개인전을 만들어주고 몽테송미술협회 A.P.A.M의 정회원이 되는 동시에 몽테송 공모전의 심사위원이 되는 행운을 갖게 되는 것이다.

미술협회 회장(Jacqes Barros)과 함께 4명의 심사위원들은 프랑콘빌에

있는 나의 아틀리에를 방문 심사하였다.

　50점 정도의 작품을 심사한 그들은 만족하면서 나의 화집 32쪽에 있는 '만남'의 작품을 2016년 몽테송 아트 살롱전 포스터로 만들자고 그 자리에서 결정하였다. 32쪽에 있는 작품은 2014년 프랑스 국립살롱전이 열린 그랑팔레에 출품하였던 100호 작품이었다.

　2016년 11월 18일 저녁 7시 제38회 몽테송 아트 살롱전 오픈행사가 시작된다.

　오픈행사가 시작되기 1시간 전쯤 몽테송시의 시장님이 제일 먼저 전시장에 나타났다.

일본작가와 함께

　한국의 문화와 전연 다른 분위기다. 시장은 나와 인사를 나누고 나에게 전시 작품들을 작가가 직접 설명해 달라고 요청하였다. 나와 시장과 단 둘이 전시장에서 작품을 설명하며 프랑스와 한국의 다른 문화를 실감하며 이야기를 나누는 동안 우리는 매우 친숙한 분위기가 되었다.

　서민적인 성품에 미술에 대한 풍부한 식견은 작품을 설명하고 있는 나를 긴장시키고 있었다. 물론 우리들의 대화는 영어로 이루어졌다. 위대한 언어의 힘을 다시 한 번 실감하였다.

　오픈 행사가 시작되었다.

　나는 한국어를 사용하여 수많은 프랑스 인들 앞에서 인사말을 하였다. 통역은 앙끌레가 맡았다. 앙끌레는 성균관대 교환학생으로 한국에 왔을 때부터 친한 사이었다.

　시장의 인사말이 시작되었다. 그는 나

방명록

와 1시간 정도 나누었던 작품에 대한 세세한 내용들을 그대로 전달하고 있었다. 감동적인 장면은 계속되었고 나는 꿈속을 걷고 있었다.

몽테송 시민 여러분 여기 이 작품은 그리스 신전을 상징하는 신전의 기둥과 동양을 상징하는 건축물의 기둥양식이 오색영롱한 빛 속에서 서로 만나는 장면이 연출되고 있는 작품입니다. 이 작품을 통하여 우리는 우주공간에서 함께 존재하는 하나라는 사실을 말해주고 있습니다.

미협회장과 한인회장

시장의 표현은 자연스러웠고 시민들의 집중력 또한 대단하였다.

몽테송 미술협회장은 초대작가 인증 메달을 수여했다.

내가 프랑스 몽테송 미술협회 정회원이 되는 순간이다. 프랑스에 건너와 6년 동안 작품 활동을 한 결과이다. 내가 프랑스 작가들로부터 공식적으로 인정받는 순간이다.

몽테송 시장과 함께

막연히 세계적인 작가가 되겠다던 소년의 꿈이 70의 나이에 이루어지는 순간이다.

몽테송 거리에 나의 개인전 포스터가 여기저기 붙어있다. 시청 앞에도 거리의 게시판에도 상가들의 쇼 윈도우에도.

몽테송에서 개인전이 열리고 있는 시기에 프랑스 시내에서는 갤러리 Kenny가 나의 초대 개인전을 열고 있었고, 갤러리 Art Park에서는 프랑스에서 공부하는 차세대들을 위한 전시가 이루지고 있었는데 한국의 대표작가로 나의 작품

미술협회장과 시장

오픈행사

들이 참여하고 있었다.

몽테송 문화센터와 Kenny갤러리, 그리고 Art Park 갤러리에서 동시에 나의 작품 100점이 동시에 전시되었다.

세계적인 화가가 되겠다던 소년의 꿈이 이루어져 예술의 나라 프랑스에서 프랑스인들의 주목을 받으며 이러한 성대한 전시의 주인공이 된 것은 기적에 가까운 일이다. 하나님 감사합니다.

작품 구입 고객과 함께

불어 통역 앙클레

프랑스 작가와 함께

Kenny Gallery 초대개인전

'오방산수'의 세계화 그리고 프랑스 6년

1970년부터 2000년 까지 30년간 전통 한국화의 수묵에 대하여 연구하였다. 한국화의 본질을 이해하고, 동양회화의 사상과 미학적 세계를 찾아 헤매는 길고 긴 세월은 인내와 고뇌의 시기였다.

2000년부터 10년 동안 한국화 현대화를 위한 '오방산수' 라는 회화영역을 설정하고 새로운 회화의 조형언어에 대한 연구를 하였다. '오방산수' 는 새로운 한국화의 현대화 작업으로 무한한 가능성을 제시하였다. 그 후 최근 6년간의 프랑스의 작품 활동은 한국화의 세계화를 가능하게 해준 '오방산수' 의 정착기였다.

전통적 한국화에서 수묵이 주는 신비함은 분명 개성적이고 독특한 특징을 갖고 있다. 또한 세계적인 경쟁력을 보여주고 있는 것도 사실이다. 그러나 세계적인 현대 회화의 흐름 속에서 한국 화가 전통 그대로 존재할 수 있는 공간은 그리 넓지 않다. 한국미술의 새로운 장을 펼치기에는 많은 어려움이 있는 것도 사실이다. 묘사 중심의 표현적 제약에서 벗어나 자유로운 표현을 할 수 있는 표현 언어가 필요하다. 한국회화가 가지고 있는 사상적 미학의 표출로 한국인의 내면세계를 표출해야 하는 과제가 가장 중요하다. 전통적인 재료나 기법을 고수하려는 과거 지향적이기보다는 새로운 발상과 개방적인 사고로 미래지향적이어야 한다. 우리들만의 미술문화를 우리들만의 역사로 기록하고 우리들만의 보물로 간직하기 보다는 세계적인 자랑거리로 한국미술을 발전 성장시켜야 한다는 것이다.

'오방산수' 를 세계화하기 위해서 프랑스에서 작품 활동을 시작하였다. 프랑스의 파리는 작가 중심이 아닌 작품 본위로 미술계가 움직이고 있는 도시이기 때문이다. 전문적인 큐레이터들에 의하여 작품이 평가되고 작가가 양성되는 도시, 화랑들이 작가를 지

Seok Ki KIM

Exposition du 17 au 28 Novembre 2016

Vernissage le 17 Novembre du 18h à 21h

GALERIE KENY
Village Suisse, Cour Anglaise, n°2,
12 avenue de champaubert 75015 Paris

Horaires d'ouverture
du Jeudi au Lundi de 13h à 19h

galerie
keny tel 01 40 29 47 10 ou 06 89 80 70 10 / galeriekeny@gmail.com

원하고 성장시키는 도시, 화랑들이 전
문적으로 세분화 되어 장르별, 시대별,
작품 성향별로 작품들을 집중분석하고
연구하는 도시, 대다수의 대중들이 전
문성을 가지고 작품을 평가할 수 있는
안목을 갖춘 도시, 작품 이외의 어떤 편
견이나 다른 요소가 작품 평가를 좌우
하지 않는 도시가 바로 프랑스 파리이
다.

　2011년 서울 인사동의 인사아트센
터에서 가진 도불 기념전은 바로 프랑
스 작품 활동을 하기 위한 출발점이었
다. 수묵과 화려한 오방색의 만남으로
절제된 한국 풍경의 내면세계를 표출하
고자 노력한 전시회였다.

　2012년 프랑스인들의 축제 Art
Shopping에 참가하여 루브르 박물관
의 까루젤관에서 개인전을 가졌다. 풍
부한 수묵과 절제된 색채로 수묵을 강
조한 전시회였다.

　파리 사람들은 서정적 수묵의 신선
함과 숨겨진 색채의 절제력에 호감을 보
였다. 수백 년 간 유화를 보면서 살아온
대다수의 프랑스인들에게 한국화의 수
묵은 그 자체로 신선한 것이었다.

　2013년에는 프랑스 양대 국립살롱
전 중에 하나인 SNBA에 작품이 초청
전시되었다. 수묵과 채색이 함께하는
'오방산수' 가 루브르 박물관의 까루젤
관에서 전시된 것이다. 프랑스인들에게
많은 관심을 갖게 해준 전시회였다. 컬

황색 정원, 151x66cm, 한지 아크릴, 2016

럼비아 갤러리에서는 SNBA와 동시에 나의 개인전이 열렸고, 이어서 동
양수묵연구원이 기획한 'Oriental Water' 전이 열렸다. 한국의 수묵화

적색 정원, 151x66cm, 한지 아크릴, 2016

세계를 다양하게 알리고자한 기획전에는 창운 이열모, 운산 조평휘, 미석 이석구, 덕암 이선열 등 30명의 작가가 참여하였다.

2014년에는 'Oriental Water' 전의 여파로 프랑스 양대 국립살롱전인 그랑팔레에서 열리는 Art Capital 과 루브르 까루젤관에서 열리는 SNBA에 작품을 동시 출품하였다. 빛을 주제로 한 '오방산수' 작품 속에서 동양과 서양의 문화가 양존하면서도 하나가 되는 만남의 장을 표현하고자 노력하였다. 이는 동서 문화의 동질성을 회복하고자하는 시도였다. 동시에 컬럼비아 갤러리에서는 나의 32번째 개인전도 열렸다.

2015년 1월 The Art 살롱의 소품전을 시작으로 하여 3월에는 제55회 프랑스 샤뚜 보자르 비엔날레에 작품을 출품하였다. 심사과정을 통과한 2점의 작품이 비엔날레에 출품되었다. 11월에는 제37회 몽테송 살롱전에 작품을 출품하였다. 2점의 작품이 심사과정을 통과하여 전시되었다. 같은 달 그랑팔레에서 열리는 2015 Art Capital 국립살롱전에 100호 크기의 '오방산수, 황혼의 꿈'도 출품되었다.

제37회 몽테송 살롱전을 마친 전시집행위원회는 제38회 몽테송 살롱전이 열리는 2016년의 개인전 초대작가로 W.S Kim을 선정하였다. 매년 한 명씩 선정하여 개인전을 열어주는 초대작가의 영예를 얻게 된 것이다. 프랑스 화랑가들도 그동안 15년간 연구해온 '오방산수'에 많은 관심을 갖게 되면서 오방산수가 정착기에 들어서고 있음을 확인할 수가 있었다.

프랑스 화랑가의 큐레이터들은 작가의 작업량을 한 눈에 알아보는 혜안을 가지고 있었다. 그들은 나의 많은 작업량과 독특한 표현기법에 대하여 관심 단계에서 이제 적극적 평가 단계에 이르렀고, 일부 화랑에서는 집중 전시를 검토하고 있는 상황에 이르렀다. 앞으로 '오방산수'에 대한 연구 활동과 프랑스의 작품 활동은 계속될 것이다.

Globalized 'Obang Sansoo' and 6 Years in France

W·S Kim

I studied traditional Korean water painting for 30 years from 1970 to 2000. It was a long time of painstaking work to understand the essence of Korean painting and to find the philosophical and aesthetic world of Oriental painting. For 10 years from 2000, I studied a new painting area of 'Obang Sansoo' (five color water painting). It showed infinitude of possibilities for the modernization of Korean painting. My recent work of 'Obang Sansoo' in France for 6 years has shown the possibility of the globalization of Korean painting.

It is true the mystic atmosphere of traditional Korean water painting has peculiar characteristics of its own. It also has a global competitive power. Meanwhile, in the worldwide stream of modern art, it is not desirable for traditional Korean painting to remain as it is. Also, there are a lot of difficulties to develop into a new area of Korean art. It needs a language of free expression enough to overcome the limitation of its emphasis on depiction. The most important task is to show the inner world of Korean people through the expression of aesthetic ideas of Korean art. Future-oriented

적색 정원, 53x45.5cm, 한지 아크릴, 2016

ways of thinking with open minds are more required than past oriented ones to stick in traditional material and skills. It means we should develop Korean art into our worldwide source of pride rather than to just keep it as our own historical treasure.

I began to work in France to develop 'Obang Sansoo' worldwide. Paris is the city where they judge an artist's works as they are, not judge them from who the artist is; the city where artists are raised and works are judged by professional curators; the city where art galleries support and bring up artists; the city where works are studied and appreciated by galleries specialized into genres, periods and inclinations; the city where most people could enjoy works with profession, the city where a work is rated without any prejudice or any other element but the work itself.

In 2011, a special exhibition for the visit to France held in Insa art center in Seoul was a starting point to work in France. The exhibition was intended to express the moderate inner world of landscapes in Korea with the mixture of black-and-white and splendid five colors.

In 2012, a solo exhibition was held at Salles du Carrousel du Louvre during Art Shopping, a French festival. Its emphasis was on abundant black-and-white and moderate colors. Those in Paris got a favor in the freshness of lyrical blank-and-white ink and moderation of hidden colors. To those who have been with oil paintings for hundreds of years, Korean black-and-white ink painting was freshness itself.

In 2013, SNBA, one of the two great national exhibitions, invited me. Works of 'Obang Sansoo' with black-and-white and colors were exhibited at Salles du Carrousel du Louvre, in which many people in France were interested. At the same time, the 31st solo

녹색 정원, 53x45.5cm, 한지 아크릴, 2016

exhibition was held at Columbia Gallery. 'Oriental Water' exhibition was held by the Atelier of Oriental Painting to make the world of Korean blank-and-white ink paintings well-known. In this special exhibition, 30 artists including Changwoon Lee Youlmo, Woonsan Cho Phounghwi, Misuk Lee Seokku, Dukam Lee Sunyoul took part.

청색 정원, 91x70cm, 한지 아크릴, 2016

In 2014, My works were sent to the two great exhibitions in France, Art Capital at Grand Palais and SNBA at Salles du Carrousel du Louvre. The works of 'Obang Sansoo' in the theme of light were intended to show two cultures of East and West meet at one place with their own characteristics. It was an attempt to recover the cultural homogeneity of East and West. At the same time, my 32nd solo exhibition was held at Columbia Gallery.

In 2015, my exhibition was held at Art Salon in January. Two works were selected and exhibited for the 55th La Chateau Beaux-Art Biennale in March. In November, two works were exhibited for the 37th Montesson Salon Exhibition and 'Dream at Twilight, Obang Sansoo' was exhibited at SNBA, Grand Palais.

The executive committee of the 37th Montesson Salon Exhibition selected W.S. Kim as the invited artist for the solo exhibition in its 38th Salon. I got the honor to be invited as the only artist for the year. Their increasing interests in 'Obang Sansoo' I have studied for 15 years proved that it has taken its deep root in Paris.

The curators in the galleries in France have had keen insight enough to figure out the amount of my work done. They became interested in and then set high valuation on my amount of work and unique skills of expression. And some of them began to take concentrated exhibitions of my works into account. My study and work on 'Obang Sansoo' in France will go on and on.

개선문에서 개선문까지

개선문

루브르 광장의 개선문

루브르에서 나와 루브르 궁전의 안뜰인 까루젤 광장에 서면 나폴레옹 전승을 기념하기 위하여 세웠다는 개선문이 웅장한 모습을 보인다.

이 개선문은 파리에 세워진 2개의 개선문 중 하나로 그 높이가 14.6m이고, 너비가 19.5m에 이른다.

본래 개선문의 상단에는 베네치아에서 가져온 4마리의 황금빛 말이 배치되어 있던 것을 1815년 왕정복고를 상징하는 기념물인 여신상과 마차와 병사의 상으로 새롭게 장식하여 현재의 모습을 이루고 있다.

개선문을 통과하면 바로 튈르리 공원으로 연결된다.

1563년 왕비 카트린 드 메디신스가 튈르리 궁전과 이탈리아식 정원을 만들게 한 것이 튈르리 정원이 탄생하게 된 시작이다. 그 후 앙리 4세가 오렌지 농원과 양잠장 등을 만들었고, 베르사유 정원을 디자인한 앙드레로 노트르가 정원을 정비하고 설계하였다.

그는 자연과 조화를 강조하며 기하학적 표현에 중점을 두면서 테라스와 조각상과 연못 등을 대칭적으로 배치하였다. 가로수에 의한 원근법을 강조하여 조망이 풍부한 정원으로 구성하여 감성을 자극하는데 중점을 두었다. 왕가들이 전용하고자 하였던 것을 작가 샤를 페로의 강력한 반대로 이 정원은 민중들에게 공개하게 되었다.

넓은 공간과 분수대 사람들과 함께 살아가는 새들의 비상, 우뚝우뚝 서있는 영웅들의 조각상, 아름다운 녹색 정원의 유희, 어느 것 하나 자연스럽지 않은 것이 없는 아름다운 정원이다.

분수대 연못에서 어린이들은 돛단배를 띄워 바람에 흘러가는 모습에 함박웃음을 지으며 기뻐한다. 분수 옆 의자에는 연인들의 속삭이는 밀어들로 가득하다. 하얀 조각상 앞에서 사진을 찍어대는 사람들의 얼굴에는 모두가 즐거운 웃음으로 가득하다.

상젤리제 거리

1972년 루이 16세 일가는 폭도들에 의해 유폐되었고, 1848년에는 실각한 루이 필립 왕이 튈르리 궁전을 탈출하여 영국으로 망명하였고, 1871년 튈르리 궁전은 소실되었다. 그러나 노트르가 설계한 정원은 아직도 건재하다.

왼쪽 편으로 오랑주리 미술관이 나타나고, 튈르리 공원을 나서면 바로 콩코드 광장이다.

루이 15세의 기마상을 장식하기 위해서 1755~1775년에 걸쳐 만들어진 광장이다. 당시에는 루이 15세 광장이라고 불렀다. 1792년 프랑스혁명으로 인해 기마상은 파괴되고 광장의 이름도 혁명광장으로 바뀌었다.

이곳은 루이 16세, 마리 앙투아네트 등 1,343명의 목숨이 사라져간 단두대가 있던 비극의 현장이다. 1795년 공포의 정치 마감과 함께 이 광장의 이름도 조화를 뜻하는 콩코르드로 바뀌게 되었다.

프랑스대혁명으로 인하여 1792년 루이 15세의 상은 파괴되고, 루이 15세의 가마상이 있던 자리에 지금은 3,300년의 역사를 자랑하는 룩소르신전의 오베르스크가 우뚝 서 있다. 1833년 이집트로부터 받은 높이가 23m가 되

상젤리제 거리의 루비뚱

틸르리 공원 연못

틸르리 공원의 조각상

는 거대한 오베르스크다. 오벨리스크 양 옆으로는 8대 도시를 상징하는 8대 여신상이 조각 되어진 분수대가 있다. 이집트의 총독이 나폴레옹에게 선물한 것으로 이집트로부터 이곳으로 옮겨지는 대 역사가 이루어졌다.

콩코드 광장에서 시작되는 상젤리제 거리는 파리에서 가장 번화한 거리로 콩코드 광장에서 서북쪽의 개선문이 있는 곳까지 약 2km의 거리를 말한다.

콩코드 광장에서 바로 상젤리제 거리로 들어선다. 크리스마스 축제가 한창이어서 상젤리제 거리의 양쪽으로는 크리스마스 선물을 판매하는 판매대와 어린이들을 위한 놀이시설 등 그 분위기가 고조되고 크리스마스 캐럴들이 여기저기에서 울려 퍼진다.

어둠이 시작되면 상젤리제 거리를 장식하고 있는 크리스마스트리의 오색찬란한 불빛으로 장식된 상젤리제의 야경이 환상적이다.

파리를 대표하는 아름다운 거리, '상젤리제' 거리다. '상젤리제' 는 '엘리제의 들판' 이라는 의미로 그리스 신화의 낙원을 의미하는 '엘리제' 에서 그 어원을 찾을 수가 있다.

아름다운 가로수 밑에서 젊은이들이 기타를 치며 '오 상젤리제' 를 부른다.

'낯선 사람에게 마음을 열고 거리를 산책했죠, 누군가에게 인사를 하고 싶었는데 그게 바로 당신이었답니다……. 상젤리제 거리에는 태양이 빛날 때나 비가 올 때나 낮이나 밤이나 여러분이 원하는 것은 모두 다 있답니다.'

상젤리제 거리의 종점이 되는 샤를 드골 광장의 한 중심지에 개선문이 있다.

개선문을 중심으로 4방 8방으로 하여 12개의 도로가 방사형으로 장관으로 이루고 이 광장과 연결된 도로 중의 한길이 바로 상젤리제 거리인 것이다.

1970년 프랑스를 구원해 낸 초대 대통령이 되었던 장군의 이름을 따서 만든 샤를 드골 광장이다.

개선문은 나폴레옹이 이탈리아와 오스트리아를 물리치고 전쟁에서 승리한 것을 기념하기 위하여 만들기 시작하였다.

1808년 루브르궁의 까루젤 광장에 세우게 한 까루젤 개선문의 완성을 본 나폴레옹은 여성적이고 우아한 까루젤 개선문의 규모가 작은 것에 실망하여 다시 에투알 개선문을 만들게 하였다. 30년에 걸쳐 완성된 에투알 개선문은 남성적이고 웅장함을 자랑하고 있다.

고대 로마 티투스 황제가 만들었던 개선문의 형태를 그대로 인용하였으며 외부에는 나폴레옹 1세의 공적을 나타내는 부조 작품들로 장식하였다.

개선문의 벽면에는 프랑스 혁명 이후 나폴레옹이 100회가 넘는 전쟁에 참여한 600명 가까운 장군들의 이름이 새겨져 있고 내부 아래에는 제1차 세계대전의 무명용사들의 묘비가 있는 곳이다.

나폴레옹은 개선문의 완성은 보지 못하였으나 그의 죽음의 행렬은 개선문을 통과하여 앨빌리드에 안치되었다. 빅토르 위고의 장례행렬이 이 개선문을 통과 하기도 하였고 이곳에서 제1차 세계대전 당시 드골이 이곳에서 해방을 선언하기도 하였다. 높이 50m에 엘리베이터가 설치되어 있고, 개선문의 전망대에 오르면 상젤리제 거리가 한눈에 들어오고 멀리 오베르스크를 바라보게 된다.

틸르리 공원의 조각상

틸르리 공원의 조각상

프랑콘 빌의 아틀리에

프랑스에서 개인전을 하고 프랑스 국립살롱전에 참여하는 작품 활동을 하면서 또 하나의 행운은 프랑스 한인회 여류회장인 정 회장의 아틀리에를 사용할 수 있었던 일이다. 개인전이 끝난 작품들을 보관 할 장소가 마땅치 않을 때 정 회장은 작품들을 정 회장의 아틀리에에 보관하도록 공간을 만들어 주었다.

아틀리에는 프랑스 외곽 프랑콘빌에 위치하고 있었다. 정 회장의 3층 저택의 뒤편에 별채로 지어진 단층 아틀리에였다. 전시가 끝난 작품들은 아틀리에에 보관 할 수가 있었고 작품도 마음대로 제작할 수가 있었다. 프랑콘빌의 아틀리에서 한인회 작가들의 그림 지도도 이루어졌다. 또 나의 작품을 보고 싶어 하는 갤러리들의 방문도 이루어졌다.

가장 기억에 남는 일은 프랑스 살롱전에 초대작가가 되기 위해서는 아틀리에 심사가 필수 요소라는 사실이다.

몽테송 미술협회 회원들로 구성된 아틀리에 심사위원 4명이 나의 아틀리에를 방문하였다. 30점이 넘는 작품들을 감상하면서 심사를 하였다. 각종 팜프렛과 화집도 검토하였다. 충분한 작품 심사와 화집 검토 끝에 2016년의 초대작가로 결정하였다.

제38회 몽테송 아트 살롱전 초대작가로 선정된 것이다.

미술협회가 제작할 포스터의 원고도 내 화집의 32P에 있는 작품 '만남' 으로 결정하였다.

프랑콘빌의 아틀리에는 나에게 너무 감사한 공간이었고 이곳

한인회 작가들과 함께

에서의 생활을 자유롭게 할 수 있도록 편의를 제공해준 정 회장 가족들에게 감사한다.

매일 아침 '김 선생 아침 드세요' 하던 정 회장의 다정한 소리가 귓전에서 맴돈다. 아침에 마셨던 한 잔의 커피와 바게트의 추억은 나에게 아름답고 소중한 것이었다.

나를 한 가족같이 여겨준 모든 가족에게 감사한다. 아트 살롱전에서 통역을 맡아 주었던 앙클레의 아름다운 마음씨, 바이올린과 피아노 연주로 향수를 달래게 해 주었던 JJ로에, 무엇보다 한국인 화가를 집에 머물게 허락해준 미쉘, 모두가 잊을 수 없는 가족들이다.

이 세상은 혼자 살아가는 것이 아니고 함께 살아가는 것이며 함께여서 더욱 행복하다는 사실을 절감하게 해준 프랑콘빌 가족들에게 감사한다.

아름다운 집, 아름다운 사람들, 아름다운 나무들, 감, 사과, 포도를 마음껏 즐겼던 그 곳에 지금도 아니 영원한 행복한 미소가 가득한 가정이기를 소망하며 기도한다.

하나님 아름다운 미쉘의 가정에 하나님의 은혜가 충만하기를 간절히 소망하며 기도합니다. 항상 미쉘의 가정에 행복과 건강이 함께 할 수 있도록 도와주실 것을 믿고 기도합니다.

저자가 묵던 방

아틀리에가 있던 저택

정회장과 함께

작업실에서

B.D.M.C 갤러리

2017

제 40회 개인전 ' 동방의 빛'
갤러리 B.D.M.C / 프랑스 파리
2017.10.18~10.24

40th W. S. KIM solo Exhibition

The Light of the EAST

18 ~ 24 Octobre 2017

Gallery BDMC
9 rue Alasseur, Place Lugano, 75015, Paris
Vernissage : Jeudi 19 Octobre 2017, 18h ~ 21h
Gallery phone : 06 80 78 99 16 / 06 77 01 27 11

BDMC Gallery 초대개인전

파리를 사랑한 자연주의 작가 W.S. KIM

예술이란 무엇인가? 인생이란 무엇인가?

늘 의문 속에 예술도 즐기고 인생의 맛도 느끼면서 살아간다. 그러나 무엇이 가장 아름다운 인생이고 무엇이 가장 아름다운 예술일까?

예술이란 지극히 자연스러운 삶의 일부이며 살아가는 에너지를 제공해 주는 원천이다. 어쩌면 우리에게 필요한 에너지를 충전시켜주는 충전기와 같은 역할을 하는 것이다.

충전기는 무생물적 생명력이 없는 것이지만 그것을 통해야만 건전지는 새로운 에너지를 갖게 된다. 인간은 어쩌면 건전지와 같은 것인지도 모른다. 예술은 인간과 어떤 관계인가? 바로 건전지와 충전기에 해당하는 관계 같은 것은 아닐까?

새로운 삶의 에너지 그것이 바로 예술이며 우리가 살아가는 생명력이다. 바로 예술이란 삶 그 자체 속에 내재하는 긍정적인 힘인 것이다. 예술은 특정인의 소유물도 아니며 또 특정인에 의해서만이 제작되는 것도 아니다. 다만 예술은 생각하는 사람에 의해서 만들어지고 생각하는 사람에게만 제공 된다는 것이다. 그러기에 예술은 생활의 일부이며 새롭게 살아가려는 충동에 의해서 얻어지는 소산물이라고 볼 수 있다.

생각하는 사람의 영혼을 아름답고 행복하게 만들어 주는 것이 바로 예술인 것이다. 인생을 여유롭고 행복하게 만드는 예술은 바로 인생의 생각 속에 존재하며 그 존재는 바로 삶의 행복을 의미하는 것이다.

지난 7년 동안 나는 프랑스 파리를 통해서 작품을 발표해왔다. 그것은 나의 삶이었으며 나의 행복이었다. 그것은 내가 살아가는 의미였으며 내가 존재하고 있음을 말해주는 것이었다.

그 행복 속에 생산된 작품들을 나는 파리의 사람들과 공유하며 함께 즐거워했다. 동양에서 온 W.S. KIM을 향해 갈채를 보내고 함께 웃어준 프랑스의 아름다운 사람들에게 감사의 인사를 드린다. 영원히 살아 숨 쉬는 작가로 남고 싶은 동양의 작가 W.S. KIM은 그의 인생 모두를 바쳐 오직 아름다운 자연을 그린다.

황색 정원, 116x90cm, 한지 채색, 2017

적색 정원, 116x90cm, 한지 채색, 2017

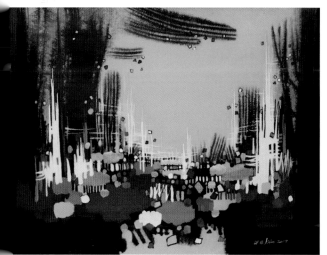

청색 정원, 116x90cm, 한지 채색, 2017

녹색 정원, 116x90cm, 한지 채색, 2017

황색정원, 90x140, 한지 채색, 2017

W. S. KIM, naturalistic artist who has loved Paris

What is art? What is life?

Asking the questions to myself, I enjoy art and taste life. Then, what is the most beautiful life, and what is the most beautiful art?

Art is a natural part of life, and the source which supplies energy of life. Probably, art plays the role of charger which charges energy necessary to our lives.

Though charger is lifeless, it gives battery new energy. Maybe man is like a battery. What is the relationship between art and life? Isn't it the relationship between battery and charger?

New energy of life, that is the very art, and energy with which we live our lives. Art is positive power within our lives. Art is not the possession of a specific person, neither is it created by a specific person. But, art is created by a thinking person, and provided to a thinking person. Therefore, art is part of life, and product acquired by impulse to live a new life.

What makes the soul of thinking person beautiful and happy is the very art. What makes life comfortable and happy is the very art. Art which makes life comfortable and happy exists in human thinking, and its existence means happiness of life.

During the last 7 years, I have presented my works in Paris, France. It has been my life and my happiness. It has been the meaning of my life, and my existence.

Sharing my works which were created in happiness with Parisians, I have been happy with them. I would like to appreciate beautiful people in France who have applauded works of W. S. KIM from Asia and smiled with him. The Asian painter W. S. KIM who wants to be remembered as a permanently living artist draws nature by devoting his whole life.

적색 정원, 162x132cm, 한지 채색, 2017

녹색 정원, 162x132cm, 한지 채색, 2017

몽마르트르 언덕을 오르다(Montmartre)

'가난한 예술가들의 열정이 살아 숨 쉬는 곳'

몽마르트르 언덕에서

푸치니의 오페라 '라보엠'의 원작소설 '보헤미안의 삶'이 시작된 몽마르트르의 언덕을 향한다. 해발 130m 정도의 낮은 언덕이지만 수많은 역사와 낭만과 매력을 가진 곳이다. 매년 프랑스에 나는 몽마르트르의 데르트르 광장에서 숨겨진 보석 같은 화가들의 숨소리를 듣는다.

2번 메트로의 Anvers 역에서 내려 몽마르트르를 향해 골목길로 들어서면 관광기념품을 파는 가게들이 양편으로 즐비하고 10분쯤 걸으면 '사크레 쾨르 대성당'의 아름답고 웅장한 모습이 시야에 들어오기 시작한다.

이 언덕에서 생드니(Saint Denis)가 순교당한 곳이다. 그래서 순교자의 언덕이라는 뜻을 가진 몽마르트르리움의 어원에서 몽마르트르가 탄생한 것이다.

마르스 신전이 있는 정상에서 생드니가 처형되기로 되어 있는 것을 로마병사들이 언덕을 오르는 중간에 생드니의 목을 쳤고, 생드니는 잘린 목을 붙잡고 계속 걸으면서 설교를 중단하지 않았다는 사실적 역사가 전설 같은 이야기로 남아있는 곳이다.

몽마르트르 언덕 위에 나타나는 하얀 '사크레 쾨르 대성당'과 조화를 이루는 신비스러운 파란 하늘의 색채가 인상적이다.

이 '사크레 쾨르 대성당'은 보·불 전쟁에서 패한 프랑스가 전쟁터에서 목숨을 잃은 장병들의 영혼을 기리고, 혼란스러워진 사회를 안정시키려는 의도에서 기부금을 모아 지어졌다.

특이한 점은 비잔틴 양식과 로마네스크 양식이 양존하고 있다는 것이다. 원래 이곳은 전원지대였고 언덕위에는 풍차들이 즐비했었다. 풍차들은 밀가루를 생산해서 파리 시내에 밀가루를 공급하곤 하였다.

1860년 파리시로 포함되면서 많은 예술가들이 모여들었다. 아름다운 경치와 저렴한 집세가 그들을 유혹했다. 결국 이곳은 매춘과 환락, 술과 낭만에 취한 수많은 예술가들이 상상력을 발산시키는 데 모자람이 없게 되었다.

파리 시가지가 한 눈에 들어온다. 멀리 몽빠르나스 타워가 보인다. 세계적인 예술의 도시 파리가 크지 않은 작은 도시라는 느낌이다. 그러나 광활하게 펼쳐지는 파리의 풍경이 한 순간 몸과 마음을 여유롭게 만들어준다.

성당을 돌아 뒤쪽으로 들어서면 길가에서 스케치북을 들고 초상화를 그려 주겠다고 이리저리 뛰어다니는 화가들이 눈길을 끈다. 이들이 바로 몽마르트르를 지키는 파수꾼들이다.

이곳에는 루소와 모딜리아니가 머물렀던 집이 아직도 있고, 고흐와 그의 동생 테흐가 함께 살았던 아파트가 아직도 건재하다. 그런가하면 1904년 피카소가 '아비뇽의 처녀들'을 구상했던 세탁선이라고 부르는 집이 아직도 그 시대의 역사를 간직한 채 찾는 이의 발걸음을 멈추게 한다.

몽마르트르의 명소 '테르트르 광장'은 몽마르트르의 화가들이 그림을 그리

거리의 화가들

데르트르 광장

데르트르 광장 입구에서

고 판매하는 곳이다.

방문할 때마다 북적이는 분위기가 이색적이다. 그런데 오늘은 조금 이른 시간이라 그런지 빈자리가 많이 눈에 띈다. 부지런한 화가들은 벌써 그림을 시작했고, 캔버스와 이젤을 가지고 막 도착하는 화가들도 있다.

광장을 몇 바퀴 돌면서 작가들과 여러 차례 눈을 마주치면서 목례가 오간다. 대부분 프랑스 화가들이고 아랍권 화가와 일본화가가 눈에 들어온다. 그림의 수준을 따질 수는 없지만 서로 다른 개성적인 작품들을 하고 있는 것은 분명하다. 예술적으로 기량이 높은 작가도 있다. 그러나 아직은 수준이 아니라는 생각이 드는데도 당당하게 그의 예술세계를 설명하는 이들도 있다. 그들의 당당함이 부럽기도 하다.

사크레 쾨르 성당 입구에서

분명 작고 숨겨진 작가들임에 틀림이 없다. 그러나 이 예술가들에게는 그 누구도 알수 없는 열정과 숨은 매력이 있다. 그리고 피카소나 고흐, 달리 등과 같은 유명한 화가들의 후예라는 자부심도 있다.

그들의 열정은 대단하다. 그들은 항상 즐거운 생활 속에서 기쁨으로 작품을 하는 순수한 예술가들이다. 어쩌면 인간에게 본능적으로 내재하고 있는 기쁨과 슬픔을 표현할 수 있는 내용 중에 슬픔을 표현할 줄 모르는 이방인들이 모여 살고 있는지도 모른다.

이 세상을 살아가는데 순수란 얼마나 값지고 고귀한 것인지 모른다. 그러나 이곳에 있는 화가들은 어쩌면 순수라기보다는 그저 무감각한 삶의 연상선 상에 서있는 것만 같기도 하나. 어쩌면 우리가 넝청하고 바보스러운 것을 순수라고 착각하면서 살아가고 있는지도 모른다. 나는 그들의 삶속에 깊이 내재하고 있는 그들만의 미소를 흉내 내고 싶다. 물론 그들의 서툰 붓 터치에서 안타까운 미술적 요소를 발견하기도 한다. 그러나 분명 그들의 개성과 열정은 몽마르트르의 '데르트르 광장' 을 지키기에 충분하다.

성당내부의 돔

데르트르 광장의 한쪽에서 몽마르트르의 풍경을 노련하게 그리고 있는 화가의 옆에 서서 그림이 완성되어 가고 있는 과정을 지켜본다. 옆에 오래 서있는 나를 의식했는지 자리에서 일어나며 나를 향해 눈으로 인사를 한다. 씩 웃는 그의 얼굴에 새겨진 주름이 정감을 느끼게 한다.

나는 손을 내밀며 악수를 청한다.

I am an Artist. Coree!

Oh Seoul

그가 불러주는 '쎄울'의 발음을 들으며 우리는 함께 웃는다. 손을 잡고 웃음을 함께 웃으면서 우리는 지구촌의 같은 아티스트로써 동지애를 느낀다.

움직이는 조각상과 함께

그가 아직도 붙잡고 흔드는 그의 두툼한 손두덩이에서 그의 오랜 삶의 연륜과 인간미를 느낀다. 온통 주름으로 갈라진 얼굴의 피부 속에서 빛나고 있는 그의 맑고 밝은 눈동자는 성실하고 인자하게 살아온 그의 일생을 말해주고 있다. 그리고 그의 미소 속에서 진정하고 순수한 예술가의 체취를 느낀다.

그는 아주 오랜 세월을 이곳에서 풍경화를 그리고 있다고 한다. 그의 노련한 붓놀림에서 충분히 오랜 세월이라는 말에 실감을 느낀다. 아마 스승도 없이 오직 혼자만이 터득해가는 예술가의 여정인 듯하다.

오늘은 노익장의 풍경화 소품 한 점을 샀다. '데르트르 광장'의 풍경이다. 멀리 성당의 돔이 보이고 좁은 거리의 낭만을 느끼게 하는 정감 있고 활력 있는 그림이다.

몽마르트르의 까페거리

작품을 꾸겨진 봉지에 넣어주는 그의 서툰 포장 솜씨가 우습기까지 하다. 그리고 고마워하는 그의 눈빛에서 같은 예술가의 동지애 같은 것을 느낀다. 어쩌면 적은 돈을 받아 들고 기쁨으로 나를 보내는 그의 모습이 씁쓸해 보이기도 하다. 그러나 오늘의 몽마르트르의 추억은 1장의 그림으로 충분하다는 생각을 하면서 기쁜 마음으로 몽마르트르를 내려온다.

몽마르트르 광장의 까페에서

벼룩시장에서 프랑스 문화를 엿보다

수집 작품들

프랑스에서 유럽의 향기가 묻어나는 물건들을 다양하게 볼 수 있는 곳은 벼룩시장이다.

프랑스에는 방브, 생투안, 몽트뢰유 등 여러 개의 벼룩시장이 있다. 그리고 프랑스의 신부 아베 피에르(1912~2007)가 설립한 공동체 엠마우스(emmaus)가 있다.

아베 피에르 신부는 1953년 빈민 구호 단체인 엠마우스를 만들어 수집된 중고품으로 불우한 사람들에게 나누어 주고 주거 환경을 개선하는 등 인간의 사랑을 나누는 운동을 전개하였다.

이 세상에는 돈으로 살 수 없는 것이 있다. 그것은 오직 진실에 의해 살 수 있다는 신념으로 설립한 엠마우스가 프랑스의 벼룩시장으로 각광을 받고 있다. 현재는 제도화된 단체 중심으로 노숙자들이 운영하여 그들의 삶의 질을 개선해 나가고 있다고 한다.

세상을 떠난 사람들이 사용하던 물건들이 엠마우스에 기증되고 기증된 물건들은 수선이나 재정비 과정을 거쳐 대중에게 아주 저렴하게 제공된다.

내가 자주 찾아가는 벼룩시장은 프랑스 남부 14구 방브역 근처 길가 노천에 매주 토요일과 일요일에만 열린다. 바로 방브 벼룩시장이다.

나는 주말이 되면 아침 일찍 서둘러 방브를 찾는다. 아침 일찍 가게를 꾸미고 있는 장사들로 거리가 북적이기 시작한다.

게으름뱅이 장사는 늦게 나타나 가게를 만들자마자 철수를 서둘러야 한다. 1시가 폐장 시간이기 때문이다.

액세서리, 가구 헌책, 음반, 장난감, 그림, 도자기, 흑인조각 불상 등 다양한 물품을 만날 수가 있다. 그중에서도 수준 있는 그림들이 많이 나오는 곳이기도 하다. 그래서 나는 좋은 그림을 만나기 위해 자주 방브를 찾는다.

가격도 저렴한 편이지만 물건 값을 깎는 재미도 있는 곳이다. 옛날 우리나라 시장에서도 물건 값을 흥정하던 문화가 있었는데 방브 벼룩시장의 문화가 거의 우리나라 시장문화와 흡사하다. 부르는 값을 다주면 안 된다. 가게들은 깎아 줄 계산이 되어 있는 가격들이어서 적당히 흥정을 하는 것도 재미가 있다.

이곳에서 나는 프랑스의 색다른 문화를 체험한다. 그리고 인간의 본성과 공통점을 느끼기도 한다. 그러나 그런 환경 속에도 그들만의 정직한 문화가 저변에 깔려 있다는 사실을 알게 된다.

토요일 아침이 되면 방브를 찾아가던 추억에 지금도 많은 사람들이 북적이고 있을 그 곳의 생생한 모습을 그려본다.

수집 작품들

퐁피두 예술문화 센터(Centre Georges Pompidou)

파리의 중심부 보부르 언덕에 아주 독특한 건축물이 있다. 건축가 '리처드 로저스' 와 '렌조피아노' 의 공동 프로젝트가 공모에 당선되어 건축된 작품이다.

현대 건축물의 대표적인 건축물 중 하나인 퐁피두 예술문화 센터이다. 그 앞에는 넓은 광장이 있고 그 광장 한쪽에 미국의 조각가로 모빌의 창시자로 알려진 알렉산더 콜더의 조각 작품이 눈길을 끈다.

프랑스의 파리 중심부인 보부르의 언덕에는 본래 농수산물 도매시장의 쓰레기로 악취가 진동하던 마을이었다. 주변은 온통 술집과 창녀촌이 운집되어 모든 파리의 시민들로부터 미움 받는 이 동네를 파리 사람들

퐁피두 센터 건물

은 아름다운 동네라는 뜻을 가진 '보브르(beaubourg)라 불렸다. 가장 아름답지 못한 것들로 채워진 동네를 가장 아름다운 동네로 만들고 싶은 소망이 있었는지도 모른다.

퐁피두 대통령의 제안으로 1968년 농수산물 시장은 파리의 남쪽으로 옮기게 되었다. 악취 나던 보브르는 그 후 10년 뒤 진정한 보브르로 다시 태어나게 되었다.

1977년 개관한 퐁피두 미술관 정식 명칭은 '국립 조르주 퐁피두 예술문화센터' 이다. 프랑스 조르즈 퐁피두 대통령의 이름을 붙여 창설한 예술문화센터이다.

1층으로 들어서면 중앙 홀이 있고 멀티플렉스 극장과 커피숍과 레스트랑이 있다. 이곳에는 퐁피드 대통령의 이름을 상호에 직접 사용한 '르조르주 레스트랑' 이 있다. 퐁피두 대통령의 이름과 함께 아름다운 곳이다. 이곳에는 도서관, 공업창작센터, 음악 음향의 탐구와 조정연구소 등이 있고 파리 국립근대미술관은 5층과 6층에 있다.

전시는 6층에서부터 시작된다. 6층에는 1900년부터 1960년까지의 작품들이 전시되어 있고, 5층에는 1960년 이후 작품들이 전시되어 있다. 야수파에서 시작하여 입체파 다다이즘 미래파 추상파 초현실파 작품들이 연결되어 전시 되고 있다. 7만점 이상의 작품을 소장하고 있는 이 센터는 찾을 때마다 색다른 작품들을 감상 할 수가 있다.

운보 선생이 퐁피두 미술관을 찾은 일이 있다고 한다. 작품을 검토한 퐁피두의 큐레이터가 운보 선생의 작품들은 퐁피두에서 전시가 불가하다고 했다. 운보선생의 이해가 부족했던 그 당시에는 점과 선으로만 그림을

이응로의 특별전

샤갈의 방

콜더의 모빌작품

그려야 퐁피드에서 전시가 가능하다고 이해했다는 에피소드가 있다. 아마도 그 결과 운보 선생의 봉 걸래 대작의 역사가 만들어진 것이 아닌가 추측해 보기도 한다.

2017년 퐁피두의 방문은 특별하다. 이곳에서 고암 이응로의 특별전시를 하고 있기 때문이다.

샤갈의 전시 옆방에는 피카소의 전시가 또 마티스의 전시가 이루어지고 있다. 그리고 그 옆방에서 한국의 고암 이응로 특별전이 이루어지고 있다. 화선지 위에 수묵으로 그려진 대작 속에 기운생동하는 그의 필치가 정겹기만 하다. 그리고 샤갈, 피카소, 마티스, 이응로로 이어지는 이름들이 자랑스럽기만 하다.

프랑스에 와서 고암 선생의 흔적을 찾아 MUSSE CERNUSCHI를 방문한 일이 있었다. 중국예술품 중심 박물관이었다. 고암 선생이 이곳에서 70년대 초에 강사활동을 했다고 하지만 그의 흔적은 찾을 수가 없었다. 그 이후 고암 선생의 작품을 전시장에서 만나는 일은 매우 반가운 일이 아닐 수 없다. 프랑스에서 많은 한국작가들이 활동을 했지만 고암 이응로만큼 족적을 남긴 작가도 드문 것 같다. 퐁피두가 선택한 이응로의 작품 앞에서 내가 걸어가야 할 앞으로의 새로운 길을 생각해 본다.

피카소의 방

마티스의 방

한국 문화를 사랑하는 까트린 가족과 함께

2018

제41회 개인전 '동방의 빛'
아프샵핑 루브르 까루젤관 / 프랑스 파리
2018.10.19~10.21

<The Blue> 140 x 140 cm / paper & acrylic / 2018

41st W. S. KIM (雨松 김석기) Solo Exhibition

The Light of the East

WHO'S WHO International SA
W.S. KIM SOLO EXHIBITION
2018. 10. 19. ~ 10. 21.
Carrousel du Louvre
99 rue Rivoli 75001, Paris, FRANCE

재생방첩예수기술용감부
雨松 김석기 초대 개인전
2018. 11. 20. ~ 11. 26.
인천수총합문화원

파리에서 영원을 꿈꾸며...

루브르에서 새로운 개인전

The blue Light-2, 62x92cm, 한지 아크릴, 2018

"파리는 내게 언제나 영원한 도시로 기억되고 있습니다. 어떤 모습으로 변하든 나는 파리를 사랑합니다.

파리의 겨울이 혹독하면서도 아름다울 수 있었던 것은 가난마저도 추억이 될 만큼 낭만적인 파리의 분위기 때문이었습니다.

만약 당신이 파리에서 보낼 수 있는 기회가 있다면 파리는 마치 '움직이는 축제' 처럼 당신의 곁에 머무를 겁니다. 바로 내게 그랬던 것처럼……"

미국의 대문호 헤밍웨이는 자살을 시도하기 직전까지도 젊은 시절 프랑스의 '파리' 에서 지내던 이야기를 쓰고 있었다. 위대했던 한 예술가에게 파리는 단순한 도시가 아닌 영원한 연인이 아니었을까.

헤밍웨이의 말을 빌리지 않더라도 파리는 언제나 가슴이 들뜨는 축제의 도시이며, 세계의 작가들이 그들의 예술혼으로 채워가는 거대한 미술관의 수장고이고, 음악을 즐기는 거리의 악사들과 이 도시를 화폭에 담아내려는 거리의 화가들이 별처럼 박혀있는 예술의 우주이다.

내가 벌써 파리를 서성인지 8년이다. 헤밍웨이와 까뮈, 피카소와 모네 그리고 고흐도 이제 다정한 나의 벗처럼 느껴지고, 센 강, 에펠탑, 노트르담 사원, 베르사유 궁전, 루브르 박물관은 이제 나의 편안한 은신처 같다. 나 또한 헤밍웨이가 말했던 '움직이는 축

제' 의 현장에서 예술의 축제를 즐기는 관객이 된 것이다. 이 도시에 은신하는 다른 예술가들과 마찬가지로.

파리와의 소통을 통해 글로벌화 하려는 나의 세계화라는 꿈. 이제 그 다음  단계로 나아가기 전에 숨을 가다듬어야 할 순간이다.

The Green, 140x110cm, 한지 아크릴, 2018

글로버리즘의 장점이라면 세계적 예술의 정점에서 예술을 바라볼 수 있는 시각이 형성된다는 것이고, 부정적 요소라면 글로버리즘의 영역 안에서 다분히 획일화 되어 버릴 가능성이 있다는 것이다. 여기서 잊지 말아야 할 것은 가장 한국적인 것이 가장 세계적이라는 믿음이다. 그것이야말로 글로버리즘의 부정적 요소를 제거할 열쇠이며, 세계화를 향한 가장 참신한 오브제이다.

이번 루브르 박물관 까루젤관 개인전이 세계화의 새로운 이정표가 되기를 바란다. 또한 가장 한국적인 에너지를 찾기 위해 프랑스의 프랑콘빌 아틀리에와 한국에 있는 북한산 작업실이 하나의 힘으로 움직이게 될 것이다.

헤밍웨이가 프랑스 파리를 그리워했듯이, 파리의 아름다운 축제를 사랑했듯이, 나도 프랑스 파리를 그리워하고 사랑하는 화가로 영원하고 싶다.

The Red Light-1 62x92cm, 한지 아크릴, 2018

The Red, 140x110cm, 한지 아크릴, 2018

Dreaming Eternity in Paris ...

"Paris has always been remembered as eternal city. In whatever form Paris changes, I love Paris. The reason why winter of Paris was harsh, but beautiful was from the romantic atmosphere of Paris to the extent that even poverty became memorable. If you are lucky enough to have lived in Paris as a young man, then wherever you go for the rest of your life, it stays with you, for Paris is a moveable feast, as it did to me."

Just before committing suicide, American novelist Hemingway was writing the story about his life in Paris when he was young. To a great artist, Paris may have

The Yellow, 140x110cm, 한지 아크릴, 2018

been not a simple city, but an eternal lover.

Without citing Hemingway, Paris is a city of feast which always excites our hearts, a big warehouse of museum global artists fill with their artistic spirits, and the cosmos of art where street musicians enjoying music and street painters drawing the scenes of the city are carved like stars.

It's already been 8 years since I came to the city. It seems that Hemingway, Camus, Picasso, Monnet, and Gogh are my friends, and that the Saine, Eiffel Tower, Notre Dame, Versailles Palace, and Louvre Museum are my cozy shelters. I also became a spectator at the site of Hemingway's 'moveable feast,' Like other artists hide themselves in the city.

I have kept a dream called globalism through communication with Paris. Now, it's time to take a breath to jump to the next stage. The merit of globalism is that one can develop a view to see art from the perspective

전시장

of global art. But, the negative aspect of globalism is that all things can be unified in the domain of globalism.

What we should not forget is the belief that what is Korean is the most global. It is the key to overcome negative aspect of globalism, and a fresh objet toward globalization.

I wish that my private exhibition at Carrousel Hall, Rouvre Museum will be a new milestone for globalism. And, to seek the most Korean energy, the Franconville Atelier in France and the Mt Bukhan studio in Korea will move as a unit.

As Hemingway missed Paris and loved beautiful feasts of the city, I want to miss and love Paris forever as well.

The Yellow Light-1, 62x92cm, 한지 아크릴, 2018

구스타브 모로 미술관(Gustave Moreau 1826~1898)

'춤추는 살로메를 그린 상징주의 작가'

매트로 12번 Trinite d'Estienne d'Orves 역에서 하차하여 14번지를 찾아 골목길을 두리번거린다. Musee Moreau 라는 이정표가 가르치는 골목길로 들어서 조금 오르다가 다시 한 번 방향을 바꾸니 아담한 4층집이 키 높이를 함께한 건물들 사이에서 작다라는 느낌으로 다가선다.

모로의 생가다. 건물의 상단 부분에 조그마하게 붙어있는 간판에 구스타브 모로 뮤제라고 쓰여 있다. 오전과 오후로 나뉜 감상시간이 표시되어 있다. 오후 2시부터 감상시간인데 도착시간이 오후 1시다. 기다리는 것이 싫어 닫혀있는 입구의 철문을 슬그머니 밀어본다.

모로의 생가

모로가 살던 그 시대로 돌아간 듯, 부르주아 가문의 위세를 나타내기라도 하듯, 가볍지 않은 철문이 버티고 있다. 서서히 육중한 몸짓으로 문은 열리고 출입을 허락하지 않을 듯했던 처음과는 다른 모습으로 속내를 보이기 시작한다. 좁다는 생각이 드는 현관에 안내데스크가 있고 그곳에 한 젊은이가 입장권과 도서를 판매하고 있다.

옛날 모로가 살던 생가 그대로라는 사실을 자연스럽게 알게 되면서 1층의 좁은 복도로 들어선다. 복도며 방이며 모든 벽에 크고 작은 작품들로 빽빽하다. A에서 F까지 방 번호가 붙어있고 수많은 작품들에는 작품번호가 붙어있다. 작품번호로 보아 약 900점 정도의 작품이 게시되어 있는 듯하다.

모로가 그림에 쏟은 그의 열정이 대단하였음을 의심할 수 없는 어마어마한 작품들이 눈길을 뗄 수가 없다. 세계적인 작가 대가가 되기 위해서는 적당히 작업을 해서는 불가능하다는 사실을 말해주고 있는 듯하다. 언제부터인가 맥박의 고동소리가 쿵당거리고 있음을 느낀다.

2층에서

　작다 생각했는데 분명 작지 않고, 좁다 생각했는데 분명 좁지 않은 곳 아주 크고 아주 넓은 세계가 펼쳐지고 있는 모로의 공간에 빠져들면서 좁은 계단을 통하여 2층으로 오른다.

　모로가 사용하던 침대는 아직도 그의 체취가 남아있는 듯 따뜻한 정감이 서려있고, 그의 사무실에서 사용했던 집기들은 아직도 모로를 기다리고 있는듯 엄숙한 방 분위기를 지키고 있다.

　구스타브 모로(Gustave Moreau 1826~1898)가 이 집에 살고 있던 생존 당시에는 마티스나 블라맹크 같은 야수파 화가들이 이곳을 드나드는 아지트로 사용하였으며 그의 제자들이 스승을 찾아 드나들던 곳이기도 하다.

모로 미술관

　3층은 또 다른 분위기로 그가 작품을 그리던 작업실이다. 높고 넓은 공간에 대작들로 꽉 들어 차 있다 제일 먼저 눈길을 끄는 작품은 '유니콘' 이다. 1885년에 그려진 유니콘의 작품 속에는 여인들과 유니콘들이 어우러져 여인들을 위한 남성의 상징을 유니콘들이 대신해주고 있는 듯 하다.

　모로가 사랑했던 여인의 죽음은 아마도 그에게 가장 큰 충격이었을 것이며 그에게 많고 많은 상상력을 가져다 주었을 것이다. 그래서 그는 어쩌면 평생 독신으로 살았다. 여성은 남성을 유혹하고 결국에 파멸

3층에서

에 이르게 하는 요소가 있다는 생각에 아예 결혼을 생각하지 않고 독신으로 살았는지도 모른다. 물론 일부 사람들은 그가 동성애자라고 말들을 하는 이도 있지만 그런 사실을 증명할 요소도 없지만 또 증명할 필요도 없다는 생각이다.

아무튼 모로는 여성에 대한 동경과 남성으로서의 성적 충동을 유니콘을 그리면서 그 답을 정리하고자 하였는지도 모른다. 그는 남성도 여성도 인정하지 않는 중성주의적 상상력 속에서 이 작품은 완성되었을 것이다.

3층과 4층을 연결해 주고 있는 나선형 계단은 정말 아름다운 조형미를 보여준다.

모로가 생존 당시 부르주아들의 생활상을 그대로 보여주는 일면이다. 현대적인 미적 조형미로도 감당할 수 없는 아름다운 공간을 만들어 즐긴 생활이 150년 전의 일이라니 그 당시의 생활을 그대로 상상하기는 힘들듯하다.

곡선의 미를 자랑하는 3층에서 4층으로 연결되는 계단은 아주 높게 설계되어 있다. 계단을 올라 4층에 들어서니 알렉산더 대왕이 인도를 정복한 승리의 현장을 그린 '알렉산더 대왕의 승리'의 작품이 발길을 멈추게 한다.

역시 모로는 풍부한 상상력의 소유자였으며 자연주의나 인상파를 반대하고 오직 환상적인 환상 속에서만 맛볼 수 있는 상징주의적 회화만을 고집하였다.

당시의 문학사조가 상징주의적 작가들로 랭보나 보들레르 등과 함께 문학과 회화가 순수예술의 상징주의를 주장하고 있다.

역시 4층의 명작은 '춤추는 살로메'이다. 모로의 작품에 가끔씩 등장했던 살로메는 헤롯왕을 유혹해서 세례 요한의 목을 요구한 사실로 성경에 나타난 인물이다. 모로는 환영이라는 작품에서 피를 흘리는 요한의 목을 그리기도 하였다.

모로는 죽기 전 집과 화실 그리고 작품 8천여 점을 국가에 기증하였다. 국가는 1903년 이곳을 모로 미술관으로 꾸미고 주거공간

3층과 4층 연결계단

과 작품전시공간을 구분하였다. 모로가 죽은 후에도 변함없는 형태로 작품의 위치도 변함이 없어야 된다는 약속과 함께 모든 재산을 국가에 기증한 것이다.

모로는 육체적으로 죽었다 우리가 표현하지만 모로는 영원히 살아가는 방법과 상상력을 충분히 가졌던 천재적 작가였던 것만은 사실이다.

모로의 집을 나오면서 내가 걸어가야 할 미래의 머나먼 여정이 아직도 멀었다는 생각을 되뇌이면서 나에게 새로운 충격과 새로운 상상력과 새로운 꿈을 갖게 해준 모로에게 감사한다.

색채의 마술사 보나르를 만나다

엑상프로방스에서 가까운 지중해 연안에 보나르의 미술관이 있다.

보나르는 1867년 프랑스 파리의 교외 퐁테네오 로즈의 유복한 가정에서 태어났다. 그는 파리에 있는 대학에 입학하여 법학공부를 시작하였다. 그러나 그는 그림에 관심이 있어 한편으로는 미술학교인 쥴리앙 아카데미에 다니면서 화가들과 친분을 쌓았다.

1889년 보나르가 22세 되던 해에 보나르가 창안한 샴페인 포스터 안이 샴페인 회사에 팔렸다. 어쩌면 보나르가 미술에 전념하게 된 동기가 되었는지도 모른다.

당시에 쥴리앙 아카데미 출신 화가들은 인상주의에 염증을 느끼고 새로운 미술세계를 갈망하고 있었다. 그들은 다분히 젊고 반항적이었다. 쥴리앙 아카데미 화가들이 폴 세르지에를 중심으로 하나로 모인 것도 이런 이유에서였다. 그들이 만든 모임은 바로 나비파라 명명되었고, 그 의미는 '예언자' 라는 뜻을 가진 것으로 예술이 종교의 기능을 대신한다고 믿는 사람들의 모임이었다. 나비파에 동참한 예술가들은 폴 세르지에를 중심으로 피에르 보나르, 모리스 드니, 에두아르 뛰아르, 펠릭스 발로통과 조각가 조르주 라콩브, 아리스티드 마욜 등이었다.

그 당시 물체의 색채가 본래 사물이 가지고 있는 색과 같을 필요가 없다는 주장한 고갱의 영향이 나비파를 주도했다. 특히 그 해 고갱이 참여하는 인상파의 종합주의의 그룹전이 절대적으로 나비파 화가들에게 큰 영향을 주었다.

인상파가 자연의 인상적인 색채

보나르 미술관 벽면

를 분석하여 화면을 완성했다면, 나비파는 작가 자신의 내면을 분석하여 화면을 구성하였다. 나비파의 작품은 형태나 색채가 현실과는 상관없는 오직 작가들의 해석으로 좌우되었다. 그러나 나비파 작가들은 강한 개성의 표출로 점점 교류가 뜸해졌고, 1903년에는 나비파를 후원해 주던 라

보나르 미술관 전경

르뷔 블랑슈가 폐간되면서 결국 나비파는 해체 되었다. 보나르가 36세가 되던 해였으니까 나비파는 약 14년 정도 지속되었다.

29세에 최초의 개인전을 했던 보나르는 40대를 전후로 왕성한 작품 활동으로 나비파가 해체 되었지만 나비파가 회원전을 하던 베르네임 젠 화랑에서 지속적인 개인전을 가졌다.

나비파가 해체되던 해에 고갱이 사망하고 보나르는 제1회 살롱 도톤에 작품을 출품하여 비평가들의 주목을 받기 시작하였다.

보나르는 40세가 넘어서 처음으로 남프랑스를 찾았다. 그동안 어두웠던 그의 색채들은 남프랑스에서 작품을 제작하면서 점점 밝은 색으로 변하기 시작하였다.

보나르 작품 앞에서

1925년 보나르가 58세 때에 남프랑스의 르 칸네에 별장을 사들이고 마르트와 정식으로 결혼을 하였다. 보나르는 평생 한 여자 마르트하고 살았다. 보나르는 1893년 26세 때 파리의 오스망 거리를 지나다가 우연히 마르트(1869~1942)를 만났다. 마르트의 본명이 마리아 부르쟁이라는 걸 알게 된 것은 같이 산 지 32년 만에 혼인신고를 할 때였다.

그녀는 가냘픈 체격에 폐질환을 가지고 있는 연약한 여인이었다. 폐질환이 심해지고 정신까지 온전치 않게 되면서 보나르는 모든 생활을 마르트 중심으로 살게 되었다. 맑은 공기와 청결함 그리고 안정이 필요한 그녀를 위해 한적한 온천이나 요양지를 찾아

보나르의 식탁

다녔다.

평소 목욕하는 것을 좋아해 욕조에서 살다시 피 한 그녀를 위해서 뜨거운 물이 나오는 시설을 갖추는 등 돈을 아끼지 않았다. 보나르는 이미 결혼 신고 수년 전에 자신의 전 재산을 마르트에게 남긴다는 유서를 남겼다.

그러나 마르트는 보나르보다 5년 앞서 세상을 떠났다.

보나르가 59세가 되어서 그는 뉴욕과 프라하에서 전시를 하였고 미국 여행을 하였다. 그는 계속해서 뉴욕중심의 전시회를 계획하였다. 61세에 뉴욕 호크화랑전, 63세에 뉴욕 근대미술관의 파리 회화전, 67세 뉴욕 뷔르렌시타인 화랑 개인전 등 그의 해외전은 계속되었다.

보나르의 그림에서 우리는 색채의 우아함과 아름다움을 느낀다. 그리고 그의 완벽한 구도와 데생력을 감상할 수가 있다.

보나르는 평생을 연구하고 노력하는 작가였다. 그가 77세 때 남긴 메모지에는 이렇게 적혀있다.

색채는 형태와 마찬가지로 엄격한 논리를 가지고 있다. 추가된 일필

보나르의 꽃병

보나르의 정물화

역광의 나부

보나르의 화병

보나르의 작업실

이 이웃 색조와의 부조화를 빚어내므로 억지로 조화가 되게 한다. 그러나 이 두 번째의 색조는 첫 번째의 색조와 조화를 이루지 않으면 안 된다.

색채가 나를 휘두른다. 나는 무의식적으로 형태를 잃어버린다. 그러난 형태의 존재는 부정할 수 없다. 사람이 마음대로 불확실한 것을 축소한다든가 물체의 자리를 바꾼다든가 할 수는 있다. 그러므로 나는 데생을 공부하지 않을 수 없다. 나는 끊임없이 데생한다. 데생 다음에 균형을 만드는 구성이 이루어진다. 구성이 잘된 그림은 이미 반은 완성되었다고 말할 수 있다

보나르가 그림을 그리면서 항상 기초의 중요성을 생각하고 있었다는 사실을 알게 된다. 색채에 빠져들면서 형태를 잊지 않으려 노력했던 그의 노력은 단순한 것이 아닌 화가들의 고뇌의 일부분임에 틀림이 없다.

아름다운 색채는 우리들의 삶에 활력을 주는 에너지임에 틀림이 없지만 에너지만 가지고 살 수는 없기 때문이다.

노르망디 상륙작전을 기억하다

프랑스에서 생활하면서 좀처럼 갖기 어려운 나들이에 나섰다. 프랑스인 미쉘 부부와 이태리인 나딘 부부, 그리고 프랑스에 그림공부를 위해 오래전에 정착한 한국인 부부, 이렇게 세 가정이 10월의 휴가를 즐기기 위한 나들이였다. 미쉘 부부의 초청으로 동행하게 되었다. 나딘 가정은 그림 지도를 위해 드나들던 집이어서 불편한 점이 없는 여행이었다.

프랑스는 10월에 학교 학생들에게 2주간의 효도 휴가를 준다. 프랑스의 젊은이들이 조상들의 묘지를 찾아 효를 표현하도록 만들어진 휴가 제도어서 10월의 휴가를 즐기는 가정들이 많이 있다.

노르망디 해변 바닷가에 숙소가 준비되어 있다. 이들이 노르망디를 택한 이유는 이곳에서 고등어 낚시를 즐기는 시기이기 때문이다. 약간 서

노르망디 항구

늘한 날씨지만 해변가에 사람들이 한가로이 여유를 즐기고 있는 풍경들이 가끔씩 시야에 들어온다.

노르망디 해안에 도착하자마자 예약된 고등어 낚시가 시작된다. 그런데 날씨가 심상치 않다. 맑은 날씨인데도 불구하고 바람이 거세다. 바다에서 제일 위험한 요소 중에 하나가 바람이다. 내 판단으로는 배가 출항하기에는 힘들 것이라 생각된다. 그러나 내가 결정할 문제는 아니다.

노르망디에 도착한 일행은 거침없이 약국에 들려 배멀미를 예방하는 스티커를 구입한다. 모두가 귀 뒤에 스티커를 붙이고 선착장으로 이동한다. 아무도 바람으로 배가 출항할 수 없다는 통제를 하지 않는다. 연륜이 쌓여 보이는 선장도 그저 약속대로 출항을 준비하고 있다. 나는 분명 출항할 수 없다고 생각하며 관심 있게 관찰하고 있었다. 그러나 누구도 통제하는 사람 없이 모진 바람 속에 고기 배는 먼 바다를 향해 출발한다. 조금씩 불안감이 들기 시작한다. 그러나 누구하나 출항의 가부를 말하는 이가 없이 즐겁기만 하다.

노르망디 해변

크지 않은 낚시 배도 마음에 안 든다. 너무 적어서 더욱 불안감을 가중시키고 있다. 그러는 사이는 배는 출항했고 거센 파도를 헤치며 달리고 있다. 어떤 때는 배가 파도보다 낮은 곳으로 내려간다. 뱃전에 몰아치는 물보라가 얼굴을 적시며 공포감을 더하게 한다.

배가 20분쯤 바닷가로 전진을 하니 어느 순간에 배가 망망대해 한 가운데 멈추고 낚시를 시작한다. 몸을 가누기가 힘들다. 고

노르망디에서

노르망디의 검은 바다 물결

등어 잡이가 시작된다. 출렁이는 배가 도저히 낚시를 정상적으로 할 수 없을 정도다.

그런데 낚시를 바다에 넣으니 고등어가 꼬리를 치며 올라온다. 한 마리 두 마리 세 마리 옆으로 넘어질듯 고등어 낚시가 계속되는 동안 배는 파도 속으로 들어갔다 나왔다. 두려움은 공포로 바뀌고 있는데 미쉘은 잡아 올린 고등어로 회를 뜨고 있다. 프랑스 인이 회를 뜨고 초고추장이라니 신기한 풍경이다. 펄펄 뛰는 고등어 회 1점은 잊을 없는 추억이다. 프랑스 인이 떠준 회를 이태리인이 지켜보는 가운데 고등어 회를 즐긴다.

심하게 출렁이는 배의 요동을 견디기 힘든 듯 배가 다시 이동을 하기 시작한다. 노련한 경험을 가졌을 선장 역시 무리라는 판단을 한 것 같다. 선장은 뱃머리를 돌려 선착장으로 귀환을 시도한다. 살았다는 안도의 생각과 함께 두려움 속에서도 웃음을 잃지 않았던 짧은 순간의 체험이 지워지지 않는 기억으로 남을 것이다.

마치 세계 2차 대전 당시 아이젠하워가 노르망디 상륙작전을 성공했던 것 같이 오늘도 우리는 노르망디 상륙에 성공을 하였다.

세계 2차 대전 당시 지상 최대의 작전이 노르망디 상륙작전이다. 1944년 6월 6일 함선 1,200척 항공기 1만대, 상륙주정 4,126척, 수송선 804척, 수륙양용 특수 장갑차 수백 대가 악천후 속에 노르망디의 상륙작전은 개시되었다.

노르망디 해변

　미국의 아이젠하워 총사령관 지상군 총사령관 영국의 몽고메리 장군,
그들은 영국, 프랑스, 캐나다 뉴질랜드 등의 연합군 130만을 지휘하여
노르망디의 상륙작전을 성공시킴으로서 독일을 격퇴시켰다.

　노르망디 상륙작전은 프랑스 인들에게 승리와 자유를 가져다 준 최
고의 선물이었다.

　노르망디에서 잡은 3마리의 고등어는 지워질 수 없는 또 하나의 추
억이 되었다.

우리집 정원 이야기
2019년 가을

루브르 3인전 포스터

2019

제 43회 개인전 '동방의 빛'
아프샵핑 루브르 까루젤관 / 프랑스 파리
2019.10.18~10.20

The Light of the East

GEM ART INVITATION
44ᵀᴴ 雨松 김석기 Solo Exhibition

 2019. 10. 18. ~ 10. 20.
Carrousel du Louvre
99rue Rivoli 75001, Paris, France

노트르담 대성당의 부활을 위한 기도

프랑스에서 9년 동안 작품 활동을 하면서 항상 아름다운 축제의 연속만은 아니었던 것 같다.

2015년 11월13일 금요일 프랑스 파리의 6곳에서 동시에 발생했던 총기난사 테러사건은 프랑스 파리의 온 지역을 경악과 공포의 공간으로 만들었다. 132명의 생명을 앗아갔고, 349명의 부상자가 발생하였다. 그러나 그런 상황 속에서도 그랑팔레에서 이루어진 프랑스 국립살롱전은 계속되었다.

2019년 4월 15일 프랑스를 상징하는 노트르담 대성당의 화재로 파리에는 또 하나의 재앙이 일어났다. 역사적인 대성당의 첨탑이 불길 속으로 소실되는 모습은 너무 큰 충격이었다.

1163년에 건설을 시작하여 1330년 완공까지 167년에 걸쳐 완성된 성당은 프랑스 센 강 시테섬에 위치하고 있다. 1455년 잔 다르크의 명예 회복 재판이 있던 곳이다. 프랑스 혁명시기에 포도주 창고로 사용된 수난의 시기도 있었다. 1804년 나폴레옹의 대관식을 올린 곳이며 파리해방을 감사하는 국민예배가 이루어졌던 곳이다. 빅토르위고의 '노트르담의 곱추'의 무대였다. 유네스코 세계문화유산인 노트르담 대성당의 복원을 위해 기도한다.

노트르담 대성당의 부활을 간절히 소망하며 1장의 성화를 제작했다.

'노트르담 대성당의 부활'(228×180cm)을 프랑스 시민에게 바친다. 슬픔을 같이하고 싶은 마음에서 100일간의 정성으로 완성한 성화가 노트르담의 아픔을 씻는데 도움이 되었으면 한다.

아픔도 슬픔도 예술가의 열정을 막을 수는 없다.

이번 루브르 까루젤관의 개인전을 통해 한걸음 세계의 정상에 가까이 다가가기를 기대한다.

노트르담 대성당의 부활, 228x180cm, Acryic on Canvas, 2019

노트르담 화재전

A Prayer for the Resurrection of Notre-Dame de Paris Cathedral

When I look back at the past nine years I have been visiting France to continue with my projects and showcase my works, I realize that they were not always like a beautiful festival to me.

A series of terrorist attacks, which took place simultaneously across six districts in Paris on November 13, 2015, filled the entire city with shock and horror. Although the attacks took the lives of 132 and injured 349, the French National Salon Exhibition continued at Grand Palais.

Another disaster hit Paris on April 15, 2019 as a catastrophic fire broke out beneath the roof of Notre-Dame de Paris cathedral. It was more than shocking to watch this historical building's spire collapse in fire.

The construction of Notre-Dame de Paris cathedral began in 1163 and continued until 1330 for 167 years. It is located on the Île de la Cité in the Seine in the center of Paris, France. It was where the rehabilitation trial and beatification of Jeanne

노트르담 화재후

d'Arc took place in 1455. It also went through difficult times as it was turned to a wine cellar during the French Revolution. The cathedral was the site of the coronation of Napoleon I in 1804. A special mass was held in this cathedral to celebrate the liberation of Paris from Germany. It is where Victor Hugo's novel Notre-Dame de Paris is set. I sincerely pray for Notre-Dame's quick restoration.

Wishing for the Resurrection of Notre-Dame de Paris Cathedral, I have created a piece of sacred art.

I would like to dedicate the "Resurrection of Notre-Dame de Paris Cathedral (228×180cm)" to my beloved French people. I truly hope this painting, which I worked on for 100 days to share grief with them, could become a source of energy to take away the sting out of Notre-Dame's sorrows.

Sorrow or grief will not stop an artist's passion.

I wish this solo exhibition at Carrousel du Louvre would bring us closer to the top of the world.

루브르에서 3인전

2019년의 전시계획에 의해 루브르 박물관 까루젤관에서 개인전이 성황리에 끝이 났다. 프랑스 파리로 몰려왔던 작가들과 헤어지기 아쉬워하며 내년의 전시를 기약해 본다.

금년은 특별히 루브르 전시회에 아내와 손자가 초대된 루브르 3인전도 함께 이루어졌다. 사랑하는 손자 준이가 금년으로 초등학교 2학년이다. 나는 손자에게 아름다운 추억을 만들어 주고 싶어 색다른 전시회를 기획했다.

내가 어린 시절 심원의 그림을 보고 성장했듯이 준이는 나의 그림을 보면서 어린 시절을 보내고 있다. 준이는 아기 때부터 나의 작업실에서 마음대로 선을 그리고 색칠을 하면서 수년을 보냈고, 그 후 유치원과 초

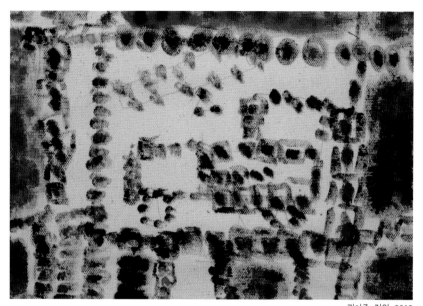

권이준, 정원, 2016

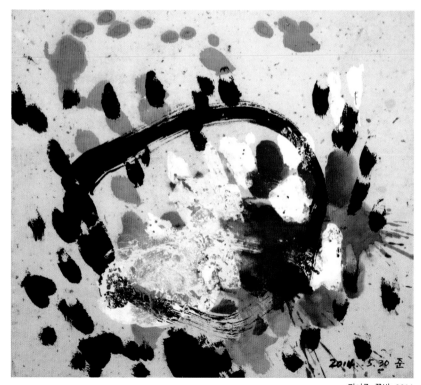

권이준, 꽃밭, 2014

김명상, 꽃-3, 2019

김명상, 꽃-4, 2019

등학교에서 자유분방하고 창의적인 그림을 많이 그렸기 때문에 그 그림들이 칭찬 받기에 충분하다 생각하여 전시회를 만들어 본 것이다. 앞으로 준이가 창의적인 그림을 많이 그리는 서정적 젊은이로 성장하기를 기대해 본다. 많은 사람들이 루브르의 최연소 작가라고 엄지손가락을 들어 보인다.

아내가 그림을 그린지가 꽤 오래 되었지만 그는 늘 내 뒤에 나를 돕는 일이 우선이었다. 항상 감사하고 고마운 마음으로 평생을 함께 하면서도 이렇다 할 그를 위해 할 일들이 많지는 않은 것 같다. 그는 한국미술협회 수채화분과 회원이다. 나보다 일찍 그는 프랑스에서 공부한 경력도 있다.

이번 루브르에서 3인전은 나름대로 의미가 있다. 준이와 아내와 내가 만든 전시회에 함께 자리해서 사진을 찍어주고 있는 딸의 모습도 아름답다.

함께 하지 못한 사위와 며느리 그리고 아들도 생각이 난다.

함께였으면 더욱 큰 추억이 되었을 터인데 아무쪼록 사랑하는 손자 권이준이 오래오래 기억할 추억이 되기 바란다.

준아 사랑한다.

김석기, 적색정원, 2019

김석기, 황색정원, 2019

루브르 현장에서

세잔은 에밀졸라의 죽음 앞에서 울었다

프랑스 파리의 리옹 역을 떠나는 TGV에 오른다. 2층 열차의 차창으로 녹색의 전원이 펼쳐지기 시작한다. 가을인데도 갈색보다는 녹색이 많은 아름다운 전원의 풍경이다. 넓은 평원은 마치 녹색으로 칠해진 단색의 캔버스와도 같다. 단색의 캔버스 위에 가끔 찍어진 붓 자국의 검은 녹색나무 들이 인상적이다.

2시간쯤 달린 기차가 아비뇽 역에 처음으로 멈춘다. 기차가 멈추는 순간 피카소의 작품 '아비뇽의 여인들'이 생각난다. 아비뇽에서 피카소는 창녀들의 군상을 그린 것을 보면 아마도 아비뇽은 조금은 큰 도시일 것 같다.

아직도 변함없는 전원의 풍경은 계속되고 있다. 남쪽이라서 전원의 빛깔은 점점 짙은 녹색으로 변해가고 있다.

파리를 떠난 지 3시간 만에 떼제베는 세잔의 고향 엑상프로방스에 도착한다.

엑상프로방스 역에서 30분쯤 차량으로 이동하여 엑상프로방스 도시 중심지에 자리 잡은 숙소에 도착했다. 소나가가 몰아치던 하룻밤을 엑상프로방스에서 보내고 새로운 아침을 맞는다.

맑은 날씨에 푸른 하늘의 모습이 마음속까지 상쾌하게 만든다. 엑상프로방스의 아침을 여는 사람들은 벼룩시장의 상인들인 것 같다. 엑상프로방스의 중심가인 미라보 거리를 꽉 메운 상인들이 인상적이다.

엑상프로방스는 세잔이 태어나고 죽기까지 모든 것을 남긴 도시이다.

세잔은 에밀졸라와 어린 시절을 함께 이곳에서 보냈다. 세잔은 금융가였던 아버지 덕으로 평생을 부유하게 살아온 작가인 반면 에밀졸라는 프랑스 파리에서 아버지 따라 엑상프로방스로 이사를 했고, 갑작스런 아버지의 사망으로 어려운 생활을 하게 되었다. 세잔은 어려운 에밀을 도왔고 에밀은 고마움에 농장에서 수확한 사과를 세잔에게 가져다주곤 하였다.

세잔의 동상

세잔의 작업실 입구

　에밀은 다시 파리로 이사를 하였고, 법학을 전공하던 세잔이 부모님의 반대를 마다하고 그림을 그리면서 다시 에밀과 만나게 된다. 그러나 에밀이 한 실패한 화가를 주제로 하여 작품을 쓴 주인공이 세잔이라고 오해하여 그들은 결별하였고, 생전에 화해 없이 에밀의 죽음 앞에서 세잔이 후회의 눈물로 에밀에게 용서를 구했다.

　세잔의 아틀리에는 엑상프로방스의 외곽 언덕 위에 위치하고 있다. 숲속에 2층 건물로 주변의 우거진 숲들과 잘 조화를 이루고 있는 낡은 건물이다.

　하루에 두 차례 공개하는 이곳의 사람들은 세잔의 아틀리에를 영구 보존하기 위해 노력하고 있다.

　세잔의 아틀리에는 2층에 있다. 옛날의 세잔을 상상하기에 충분한 소품들로 방이 채워져 있다. 오래되고, 낡고, 손상된 소품들이 세잔의 살아있는 숨결을 느끼게 한다. 정물 소품들, 침대, 난로, 사다리, 보자기, 어느 하나 예스럽지 않은 것이 없다. 많은

아쉬움을 간직한 채 세잔의 방을 구석구석 살펴지만 아쉬움은 여전하다.

있어야할 세잔도, 그리고 그의 작품도, 그리고 그의 음성도 냄새도 이제는 찾아보기 힘든 그곳을 지키고 있는 소품들이 초라하고 외로워 보인다.

세잔은 이 방에서 사물을 보고 분석하여 새로운 작품으로 재구성하는 근대 회화의 새로운 장을 열었다.

세잔 화실 내부

빅토르 바자렐리(Victor Vasarely 1906~1997)의 옵틱아트를 만나다

악생 프로방스에는 또 하나의 잊을 수 없는 작가가 있다.

옵아트(Optical art)의 창시자 빅토르 바자렐리이다. 옵아트의 시조를 몬드리안으로 볼 수 있지만 옵아트를 발전시킨 하나의 예술 장르로 만든 이는 바로 빅토르 바자렐리이다.

빅토르 바자렐리는 1906년 헝가리에서 태어났다. 1930년 파리로 이주한 바자렐리는 유명한 광고업계에 입문하였다.

광고 업무에 종사하면서 그는 구성주의(constructivism)와 추상주의(abstract art)에 눈을 뜨게 되었다.

그 후 바자렐리는 화려했던 광고업계를 떠나 회화의 세계에 입문하였다. 자연의 자유로움을 관찰하면서 자연의 가공되지 않은 요소들을 추상적으로 표현하는 영감을 얻기 시작하였다.

그는 추상 기하학 미술(abstract geometrical art)과 키네틱 아트(kinetic art)의 세계에 비교할 수 없는 유산을 남겼다.

이상주의자였던 바자렐리는 전 인류의 공의를 위해서 모든 사람이 예술을 즐길 수 있어야 한다고 믿었다. 그는 사람들의 일상생활과 건축물 속으로 예술이 자연스럽게 융화되어야 한다고 생각했다. 그리고 그는 미술이 인생을 바꾸기 위해 존재하며 그 예술은 사람들에게 보여주어야 한다고 생각했다. 그래서 그는 기하학적인 요소인 색과 도형들을 이용하여 많은 작품을 제작하였다. 그리고 다양한 색의 행복을 보여주는 도시를 창조하려는 꿈을 가꾸기 시작했다. 그래서 그는 재단을 설립하고 바자렐리 박물관을 짓기 시작하였다. 그리고 그 공간이 단순히 박물관이 아닌 순수한 아이디어들이 한곳에 모여 융합되는 실험실이 되기를 원했다.

바자렐리 전시장 풍경

전시장 내부 모습

1966년 빅토르 바자렐리는 그의 이름을 딴 재단을 만들었다. 그리고 1973년 재단 공사가 시작되었다. 꿀벌의 집을 닮은 16개의 육각형 건물들이 투명한 유리와 알루미늄과 대리석으로 된 건축 재료들로 지어졌다. 700년 전부터 사용되었던 건축물에서 영감을 받은 빅토르 바자렐리가 직접 자재를 고르고 설계하였다.

그의 노력은 드디어 엑상 프로방스에 그의 생각이 반영된 건축센터가 세워졌다. 박물관을 오픈하면서 그는 이곳이 자신의 업적을 기리는 묘지나 과거를 기리는 장소가 아니라 온전히 미래를 위한 곳이 되길 바랬다.

그의 비전은 이곳에 미래를 위해 새로운 기술 과학과 계산 등이 함께 모이는 것이었다. 그래서 그는 이곳이 도시 설계가와 건축가와 예술가들이 모여서 함께 실험하고 합작하여 새로운 다양한 빛을 내는 도시를 만들어내는 실험적이 센터가 되길 원했다.

과학은 공익적인 분야라고 믿었기에 이 공간을 통해 예술이 모두에게 문화와 사회적 차별 없이 매일 누릴 수 있는 곳이 되어야 한다고 믿었다.

바자렐리 박물관은 아름답게 아주 넓고 광활한 언덕 위에 세워졌다. 주차장에서 내려 한참을 걸어 올라가야 하는 곳이다.

건물 자체가 예술품이다. 6각형의 집들이 붙어있는 하나의 작품이다.

1976년에 완성된 이 박물관으로 들어서니 넓이 5m, 높이 8m의 42개 구조물들이 전시장을 입체감 있게 구성하고 있다.

첫 번째 방으로 들어서니 '추상주의 세계로의 시작' 바자렐리가 만들어낸 가장 기초적인 추상작품들을 만날 수가 있다.

두 번째 방에서는 키네틱 아트가 무엇인지를 보여주는 다양한 굴곡과 공간을 재창조하여 시각적 착시효과를 보여주는 작품들이 있다.

셋째 방은 '움직임'의 방이다. 관객과 작품이 교감하면서 키네틱 경험을 위하여 만들어진 방이다. 높이 8m에 꽉꽉 들어찬 대작의 작품들 앞에 완전히 압도당하는 기분이다.

다음 방으로 들어서니 다양한 색과 모양이 뒤엉켜 있는 새로운 느낌을 준다. '플라스틱 알파벳–새로운 언어 탄생' 이라는 명제가 있는 방이다.

바자렐리는 이 방을 '행성들의 민속화' 같다고 표현했다.

현란함과 새로운 느낌에 대한 놀라움 대작들의 연속적인 출현에 대한 감동, 이렇게 이어지는 박물관의 방으로 여덟째 방까지 계속된다.

바자렐리 박물관을 내려오면서 신선한 그의 색채감에서 얻은 감동은 쉽게 지워지지 않는다.

그리고 그가 꿈꿨던 그의 재단이 그가 없는 세상에서도 아름답게 그리고 감동적으로 많은 사람들에게 보여지고 공유되고 있다는 사실에 감사한 마음이 든다.

ART SHOPPING

PARIS • CARROUSEL DU LOUVRE

SALON INTERNATIONAL D'ART CONTEMPORAIN

25ème édition

PEINTURE
SCULPTURE
PHOTOGRAPHIE
ART NUMÉRIQUE
STREET ART

18 au 20
octobre 2019

PARIS
CARROUSEL
DU LOUVRE

PARIS DEAUVILLE LA BAULE BIARRITZ

ARTS MAGAZINE Artmajeur ARTS CITY L'ÉCLAT DU VERRE
LE GÉANT DES BEAUX-ARTS mine presse ART La journée de la Maison marie france OUI FM

fnac

Entrée : 7 € en prévente
10 € sur place

Billeterie : www.fnac.com

Organisation : GEM art

2020

제44회 개인전 '동방의 빛'
아프샵핑 루브르 까루젤관 / 프랑스 파리
2020.10.23~10.25

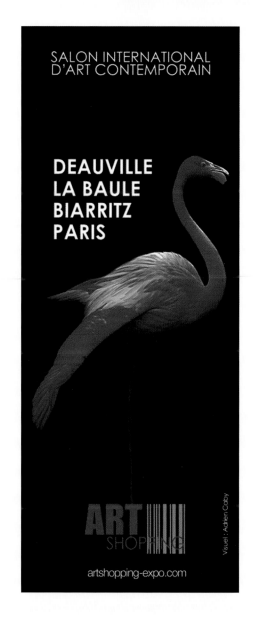

SALON INTERNATIONAL
D'ART CONTEMPORAIN

DEAUVILLE
LA BAULE
BIARRITZ
PARIS

ART
SHOPPING

Visuel : Adrien Caby

artshopping-expo.com

프랑스 10년 기념전

가장 한국적인 것이 가장 세계적인 것이다.

인사아트센터에서 도불기념전을 하던 2011년을 기억한다. 벌써 10년 이란 세월이 흘렀다.

한국의 전통 수묵을 연구한 40년을 정리해 '오방산수' 라는 이름표를 붙였다. 나는 그 이름표를 붙이고 세계적인 미술의 도시라는 프랑스 파리로 갔다. 그곳 사람들은 동양의 '오방산수' 에서 신비스러운 서정성을 말하고 있었다.

수묵의 서정성만을 고집하면서 세계적인 우수성을 강조하기에는 역부족이었다. 풍부한 다양성을 가지고 있는 도시 그 곳에서 나는 어느새 그들과 동화되기 시작했다.

봄, 227.3x181.8cm, 화선지 아크릴, 2020

여름, 227.3x181.8cm, 화선지 아크릴, 2020

　　모네, 마네 등의 인상파들과 그 속에서 갈등하며 새로운 회화세계를
추구하던 나비파들도 만났다. 프랑스 10년은 많은 예술가들을 만나는
기회였다.

　　프랑스 국립살롱전과 프랑스 비엔날레 몽테송 아트 살롱전 등 각종
살롱전에 참여하는 기회도 많았다. 그리고 매년 개인전도 가졌다.

　　제38회 몽테송 아트 살롱전에서는 초대작가가 되는 영광도 얻었다.
몽테송 미술협회 작가들이 동양의 작가를 인정했다는 것이 나에게는 큰
영광이었다. 몽테송 시가지에 붙어있던 나의 개인전 포스터가 자랑스러
웠다.

　　파리 시민과 함께 프랑스 문화를 즐기고 함께 기뻐했다. 테러가 있고
노트르담이 불타던 날은 함께 슬퍼하고 함께 울었다.

　　37년의 짧은 인생을 살면서 가장 열정적이고 가장 치열한 작품들을
남긴 고흐를 만났고, 그의 무덤 앞에서 나는 그의 명복을 빌었다. 그리고
그가 가졌던 열정을 배웠다.

　　근대미술의 아버지라 부르는 세잔의 작업실에서 나는 그의 체취를
맡았다. 그리고 그곳에서 예술가의 고독을 배웠다. 그리고 그가 바라보던
물체의 본질을 찾는 방법을 배웠다. 평생을 색채감에 휘둘렸던 보나르의
미술관에서 보나르가 왜 색채의 마술사라 불리었는지도 알았다.

　　피카소가 노년의 삶 속에서 인생을 정리하며 말년을 보냈던 무쟁도

가을, 227.3x181.8cm, 화선지 아크릴, 2020

찾아갔다. 그리고 그곳에서 피카소의 인생을 되새김 해 보기도 하였다. 알베르 까뮈, 에밀 졸라, 구스타프 모로, 부르델, 로댕 등 수많은 예술가들의 천재성, 창의성, 집념같은 것을 재확인할 수가 있었던 프랑스에서의 10년은 나에게 더없는 행복한 순간이었다.

동양의 수묵은 이제 유럽의 색채들과 친구가 되었다. 이제 가장 한국적인 그림을 그리기 위해 나는 나의 고향 한국으로 간다. 이제 나만의 그림을 그려야 하는 시점이 되었다.

나이가 60이 되었을 때 미술공부의 기초가 끝났구나 하고 생각한 때가 있었다. 나이 70이 되어 이제 내 마음대로 한국의 자연을 그려보고 싶은 생각이 들었다. 나의 스승 박생광이 79세에 인도 여행을 마치고 이제 그려보고 싶은 그림이 있다 하신 말씀이 기억난다.

한국의 자연을 그리는 것이 바로 한국적인 것이고, 그것이 바로 세계적인 것이라는 사실을 알게 되었다.

루브르에서 갖는 이번 프랑스 10년 기념전에는 한국의 북한산 4계를 그렸다.

아름다운 자연이야말로 인간을 포용할 수 있는 마지막 공간이다. 아무리 강한 척 한다 해도 자연의 강함에 비유할 수가 있겠는가?

봄은 계절의 출발이요 만물의 소생을 의미한다.

샛노란 개나리에서 시작되는 봄은 역시 노랑이다.

겨울, 227.3x181.8cm, 화선지 아크릴, 2020

노랑은 오방색에서 중앙을 의미한다.

여름은 녹음을 상징하는 녹색이 아름다운 계절이다.

가을은 아름다운 단풍의 계절 만물이 빨갛게 익어가는 황혼의 계절이다.

겨울에는 흑과 백이 분명한 수묵의 계절이다.

프랑스 10년의 색채놀이에서 깨어난 수묵화가 이제 아름다운 내 고향의 아름다운 4계를 그린다.

다시 찾은 고향에서 이제 양복을 벗어버리고 우리의 한복을 입고 장구를 친다.

건강과 영감과 기회를 허락하시는 하나님께 감사한다.

감사합니다. 하나님!

안녕! 뷰티플 파리!

봄, 162x130cm, 화선지 아크릴, 2020

여름, 162x130cm, 화선지 아크릴, 2020

What Is the Most Korean is What is the Most Global

Kim Seok Ki / Korean painter

I still remember the time when I held the private exhibition celebrating my going to France at Insa Art Center in 2011. It has already been 10 years from that time.

In Paris, the world-famous city of art, I put forward the title of 'Obang Sansu' to represent my 40-year India ink art world. People there would mention there is mysterious lyricism in 'Obang Sansu'. But, I recognized that it was impossible to impress them only with lyricism of India ink paintings. In Paris, city of variety, I came to resemble artists there. I could meet impressionists like Manet and Monet, and artists belonging to Les Nabis who pursued a new world of paintings fighting with impressionists. To me, 10 years in Paris has been the time when I could meet many artists. I have had many opportunities to participate in various salon exhibitions like Salon SNBA [National Art Salon Exhibition] and Biennale Montesson Art Salon Exhibition, etc. I could hold my private exhibition every year when I stayed there.

At the 38th Montesson Art Salon Exhibition, I was honored to be the invited artist. It was a great honor to be recognized by artists of Montesson Art Association. I was proud when the posters advertizing my private exhibition were in the streets of Montesson.

I have enjoyed French culture with Parisians. When Cathédrale Notre-Dame was on fire, I was sad and cried with Parisians.

I met Gogh who had lived a short but a very energetic life of 37 years, and left fiercely strong pieces of works. I visited his tomb to pay respect to him. I tried to learn his passion.

In the studio of Cezenne who is called father of modern fine art, I smelled his body oder. I learned the solitude of artist there, and the way to discover the essence of thing. In the museum of Bonnard who spent his life pursuing the secret of color, I could find out why he was called magician of color.

I also visited Mougins where Picasso spent his late life, and

가을, 162x130cm, 화선지 아크릴, 2020

thought of him. 10 years in France when I could identify genius, creativity, and attachment of numerous artists like Albert Camus, Émile Zola, Gustave Moreau, Bourdelle, Rodin, and others was wonderful times. India ink paintings of the Orient have been friends of European colors. Now, I return to my home country Korea to draw the most Korean paintings. Now is the time to draw my unique works.

When I was 60 years old, I once felt that I completed studying basics of fine art. I am 70 years old. I want to draw Korean nature. I remember the time when my teacher Park Saeng-gwang, returning from his journey to India at the age of 79. said that he had something he wanted to draw.

I recognized that drawing Korean nature is the very Korean thing Korean, and, also, is something global.

In my exhibition in Louvre celebrating my 10th year in France, I displayed the four seasons of Mt. Bukhan. Beautiful

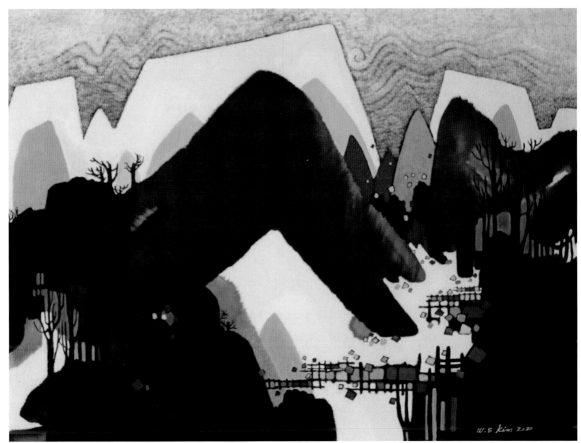

겨울, 162x130cm, 화선지 아크릴, 2020

nature is the last space which can embrace humans. Anything pretending to be strong is dwarfed by strength of nature.

Spring is the start of the season, and symbolizes the birth of everything. The color of spring starting from yellow forsythia is yellow. Yellow color is situated at the center of Obangsaek [Five Direction Colors]. Summer color is green. Fall is the season of beautiful colors of falling leaves. Winter is the season of India ink where black and white are clear.

India ink paintings which were reborn from 10 year color plays in France describe beautiful four seasons of my home town. In my hometown, I take off Western clothes, and put on Korean clothes and play jangu [Korean drum].

I appreciate God bestowing health, inspiration, and opportunities on me.

Thank you, God!

Adieu! Beautiful Paris!

피카소의 마지막 성지 무징(Mougins)을 가다

내가 무엇인가를 말하고 싶을 때, 나로서 가장 자연스럽게 보이는 방법으로 그것을 말한다. 그것으로 충분하지 않은가? 그 이상 무엇을 할 필요가 있는가? 거기에 무엇을 덧붙일 수 있겠는가? 모든 것을 말해 버린 것이다.

사람은 자연에 대해 거역할 수 없다. 자연은 인간의 가장 강한 자보다 강하다. 자연과 더불어 있는 것이 소망이다.

내게 있어서는 한 장의 그림은 파괴의 총체이다. 나는 작품을 창조하고 잇따라 그것을 파괴한다. 하지만 결국에는 아무것도 상실하지는 않는다. 내가 어느 부분에서 제거한 빨강은 어딘가 다른 장소에 놓여 있는 것이다.

피카소가 한 말을 되새기면서 나는 그가 노년의 생활인으로 살아가기를 소망한 자연 그 정착지를 찾아 나선다.

엑상프로방스를 출발하여 160km 정도 달려 도착한 곳이 무징(Mougins)이다. 프랑스 남부 지중해 연안 아름답고 조용한 언덕 위에 자리 잡은 마을이다. 어쩌면 그가 태어난 스페인의 남부와도 같은 그런 곳이 아닌가 생각된다.

마을 입구에 피카소의 커다란 두상의 동상이 큰 바위 덩이와 같이 나를 맞아준다. 아름답게 조성된 식당들과 까페와 아틀리에 갤러리 등으로 옹기종

무징의 피카소 청동상

기 모여 골목골목을 메우고 있다.

주택들이 곳곳에 놓여있는 조각품들과 함께 어우러져 마을 전체가 아름다운 예술작품이다. 미로를 연상하게 하는 골목길들이 인상적이다.

골목마다 정감이 넘치는 이곳에서 피카소는 15년을 살았고, 이곳에서 그의 마지막 생을 마감하였다.

피카소가 오르내리며 산책을 했던 골목들을 돌아 걷는다. 노년의 피카소는 다가오는 죽음에 대하여 어떤 생각을 하고 있었을까?

무슨 일이건 고독 없이는 태어나지 않는다. 나는 아무도 모르는 고독을 만들어 낸다. 그는 늘 아름다운 여인 곁에 있었는데도 늘 고독 속에서 작업을 하고 있었다. 그는 얼마나 많은 작업을 하였을까? 그는 무한의 능력 속에서 수많은 작품을 남겼다. 90 평생 족히 5만점이 넘는 유작을 남겼다.

그가 그린 모든 작품들은 창의적이고 독특해서 어느 하나 버릴 것이 없는 수작들이다. 그래서 피카소가 세계에서 가장 찬사를 받는 작가로 남아 있는 것이다. 그러나 그 누구도 죽음 앞에는 평등하다.

피카소가 80이 가까워지면서 그는 아마도 그의 마지막 인생의 부분을 보낼 곳을 생각하고 있었을 것이다.

피카소는 1881년 스페인의 말라가에서 태어났다. 그의 아버지는 미술교사였다. 아버지 돈 호세가 근무할 공예학교가 있는 가리시아 지방의

파리 피카소 미술관

파리의 피카소 미술관

라 코루냐로 피카소의 가족 모두가 이주하였다.

그가 10살 되던 해였다. 그가 아름답다고 생각했던 남쪽의 지중해 연안을 떠나 북부 대서양의 바위산 들이 많은 곳으로 이주한 피카소는 아마도 낯 설은 동네에서 남쪽을 그리워하며 살았을 것이다.

피카소가 그림에 재주를 가지고 있다는 사실을 일찍 알아낸 그의 아버지는 피카소에게 그림 지도를 직접 해 주었다. 그의 천재성을 알아본 아버지는 피카소가 13세가 되던 해 그의 그림도구 모두를 피카소에게 물려주고, 오직 피카소를 화가로 키우는 일에만 몰두하였다. 자신의 그림 그리는 일은 접은 채 말이다.

피카소는 14세 되던 해 미술고등학교에 입학하였고, 15세에는 아버지의 주선으로 피카소는 독립된 아틀리에를 갖게 되었다.

16세에는 마드리드 미술전에서 수상을 하였고, 그는 마드리드 왕립미술학교에 입학하였다.

19세 때 그는 파리에 여행을 했고, 20세에는 파리에서 최초의 개인전을 가졌다. 그의 청색시대가 시작되었다. 우울하고 침체된

청색의 색조는 그가 이국땅에서 긴장과 생활의 어려움을
헤쳐 나가는 가운데 생겨난 자연현상일 것이다. 그러나 그
가 23세가 되면서 파리에 정착을 하였고, 피카소는 그의
모델이었던 프랑스 여인 페르낭드 올리비에를 만나면서 사
랑에 빠졌다. 동시에 그의 청색시대는 끝이 나고 장미 빛
시대가 시작되었다.

그가 26세 때 '아비뇽의 처녀들' 을 제작하면서 본격적
인 입체파의 시대를 열기 시작했다.

'아비뇽의 처녀들' 은 세잔의 작품과 아프리카 흑인 예
술의 영향을 받았다. 20세기 회화사상 가장 주목할 만한
한 '아비뇽의 처녀들' 은 피카소의 대표작이기에 충분하다.

그가 그리기 시작한 인체의 기하학적인 표현과 반추상
적인 형태의 구성은 그 당시의 회화사에 혁명적 사건으로
받아들여질 수밖에 없었다.

피카소 작품 앞에서

그러나 아비뇽의 처녀들을 완성하고 마티스, 드랭 등의 동료화가들에
게 작품을 보였을 때 그 반응이 너무 부정적 요소가 많아 피카소는 10
년 정도 작품을 정식으로 공개하지 못하였다. 그러나 아비뇽의 처녀들은
미술사의 새로운 획을 그은 역사적인 작품으로 누구나 한번 감상해보고
싶은 작품이다. 아비뇽의 처녀들은 현재 뉴욕현대미술관에 소장되어있
다.

피카소의 일생을 통해 또 하나의 걸작이 있다면 작품 게르니카다.

1937년 피카소 나이 56세 스페인 내전 당시 바스크 지방의 소도시
게르니카가 나치 독일군의 침공으로 도시 인구의 3분의 1에 해당하는
3,000명 가까운 사상자가 발생하였다.

피카소는 프랑스 박람회 작품을 구상하고 있던 차에 피카소의 게르
니카 참사에 대한 분노를 작품화하기로 하였다. 피카소는 전쟁의 잔악상
을 알리기 위한 작품 게르니카를 완성하였다. 작품의 크기가 8m에 가까
운 대작이다.

피카소가 많은 작품을 남겼지만 이곳 무쟁에는 피카소의 작품이 한
점도 없다.

그저 그가 향기만 남아있다. 동네 어귀에 세워진 피카소의 동상이 외
롭기만 한 곳이다.

까뮈가 살던 동네의 성

VISIT

알베르 까뮈 무덤에서 애도하다

프랑스 남부 엑상프로방스에서 가까운 시골길을 달린다.

전원의 풍경이 아름답다. 고흐의 작품 '별이 빛나는 밤'에 나타났던 사이프러스 나무들이 전원 속에 우뚝우뚝 이국적이다. 더욱 아름다운 것은 무르익어가는 가을의 색채 속에서 검은 녹색을 유지하고 있는 상록의 신비스러움이다.

까뮈가 노벨문학상을 타고 그 상금으로 그의 집을 마련했다는 집을 찾아 나섰다. 까뮈의 마을이라는 시골 마을 주차장에 멎는다. 마을 어귀 오른 쪽 산등성이에 우뚝 솟아있는 고성이 웅장하면서도 아름다움을 보여준다. 이제는 관광지가 되어버린 이곳은 포도주의 저장 창고가 되어 관광객을 맞이한다. 아름다운 고성을 뒤로하고 까뮈의 마을로 들어선다. 수백 년을 지켜온듯한 플라타너스 나무들의 낙엽을 밟으며 아름다운 시골 마을 골목으로 들어선다.

알베르 까뮈는 1913년 프랑스의 식민지였던 알제리의 몽비드에서 태어났다.

아버지가 1차 세계대전 당시 전사하고 청각 장애를 가지고 있던 어머니와 가난하게 어린 시절을 보냈다.

고학으로 알제리대학 철학과에 다니게 되었고 그곳에서 스승 장 그르니에를 만나게 된다.

장 그르니에(1898~1971)는 프랑스의 철학자로 알베르 까뮈에게 지대한 영향을 준 까뮈의 스승이었다.

까뮈는 항상 부조리 속에서 갈등하며 반항적인 삶을 살았다. 한때는 공산당에 가입도 했었고, 2차 세계 대전 중에는 저항 운동에 참가하기도 했다.

1957년 이방인으로 노벨 문학상을 수상했다.

사랑받지 않는 것은 단순한 불행이다 진정한 수치는 사랑하지 않는 것이다. 누군가 세상에 매여져 있을 때, 우리는 그 사람에게 매여져 있다.

까뮈 동네의 입구

까뮈의 무덤

자유는 모두를 위해 존재하거나 아예 존재하지 않는다. 사람은 양면성을 가지고 있다. 스스로를 사랑하지 않고는 다른 사람을 사랑할 수 없다. 깊은 겨울 속에는 나는 마침내 내 안에 무적의 여름이 존재한다는 사실을 깨달았다.

미래에 관련된 진정한 너그러움은 지금 모든 것을 주는 것을 의미한다.

마을 골목을 여러 번 방향을 바꾸면서 찾아간 까뮈의 집은 적막 속에 꽉 닫혀 있는 문 위에 외로운 등이 이곳이 내가 찾아온 목적지임을 알려준다.

열리지 않는 문 앞에서 사진을 찍는 것으로 알베르 까뮈의 방문을 마치고 돌아서는 발길이 아쉬워 이곳저곳 까뮈의 흔적을 찾아보지만 어느 가게에도 까뮈의 이름이 들어있는 관광 상품이나 까뮈를 알리는 내용은 없다.

이곳에서도 까뮈는 이방인이었음에 틀림이 없다. 까뮈의 집을 뒤로 하고 까뮈가 묻혀있는 무덤을 찾았다. 무덤까지도 엉성하게 버려진 듯 외로운 모습 속에 까뮈가 누워있다.

1960년 교통사고로 그의 나이 46세에 세상을 등진 프랑스의 철학자 알베르 까뮈의 무덤이다. 인생이란 무엇일까? 유명해지려 애쓰지 않아도 유명해졌고, 유명해지려 노력해도 유명해질 수 없는 세상을 우리는 살아가고 있는 것이다.

유명해졌다고 좋은 인생을 살아온 것이 아니고 유명하지 않다고 해서 인생을 헛살았거나 불행한 인생으로 마감되는 것은 아니다.

내가 고등학교 시절 까뮈의 이방인을 들고 그를 흠모했던 시절이 있었다. 그가 그렇게 일찍 이 세상을 떠난 것도 모른 채 까뮈의 노벨문학상만 눈에 보였던 시절이 있었다.

까뮈의 무덤 앞에 명복을 빈다.

까뮈가 살던 집 앞에서

까뮈의 동네

아트노믹스 갤러리 K 제휴작가가 되다

프랑스에서 작품 활동을 시작한지 벌써 10년이다. 이제 프랑스 문화에 젖어 이질감 없이 그들과 함께 눈빛으로 살아가는 지혜를 갖추어 가는데 이제 나는 나의 고향으로 가야 한다.

내가 이곳을 통하여 얻은 것이 있다면 그것은 가장 한국적인 것이 가장 세계적인 것이라는 것을 재확인 했다는 사실이다.

고암 이응로와 내고 박생광의 뒤를 좇아 항상 그 영향력 속에 있었고 어쩌면 그곳은 스승의 그늘이었다. 그러나 이제 세계적인 작가들과 함께 동거 동락했던 10년의 세월은 다시 나를 내 조국 대한민국으로 돌아가 가장 한국적인 작품을 남겨야 하는 마지막 과제가 기다리고 있다.

이제 누구의 그늘도 아닌 나의 세계가 기다리고 있는 것이다. 이제까지 과거의 역사와 기록들에 감탄하며 살았다면 이제

나의 작품세계에 만족하는 시기를 만들어야 하는 또 하나의 과제적 시기가 도래했다는 사실이다.

2020년을 보내면서 코로나로 어수선한 세계 분위기에 편승하여 자연스럽게 프랑스 활동을 정리하고 고향으로 돌아왔다.

한국에 다시 정착하자마자 나는 '아트노믹스의 갤러리 K'의 제휴작가가 되었다. 작품의 홍보와 발표를 도와 줄 갤러리 K 아트노믹스의 만남은 또 하나의 기회이며 행운이다.

이제 모든 작품에 대한 관리는 갤러리 K에게 맡기고 나는 작품만 하면서 나만의 세계를 찾아가는 또 다른 10년에 도전한다.

모네는 76세에 수련 연작을 기획하였다.

스승 박생광은 79세에 인도로 갔다.

나는 그들보다 어린 나이가 아닌가?

나이를 잊고 다시 도전하는 '북한산 4계' 과연 어떤 형태로 나타날 것인가?

프랑스 작품 활동을 하면서 한국적인 수묵도 소개했고, 프랑스인들이 즐겨 그리는 누드화에도 도전했다. 그러나 무엇보다 자랑스러운 것은 아름다운 오방산수 만한 것은 없었다.

이제 오방산수로 북한산의 4계를 그리는 또 다른 세계를 꿈꾸며 아트노믹스 갤러리 K와 함께 한다.

갤러리 K 김철호관장과 함께

갤러리 K 전시장

雨 松 김 석 기

경 력   경희대학교 미술대학 및 경희대학교 교육대학원 졸업(M.A)
        경희대, 충남대 미술과 강사, 한남대 미술교육과 겸임교수 역임
        한국미술협회원, 경희대학교 총동문회 이사, 동양수묵연구원장
        프랑스 몽테송 아트 살롱전(A.P.A.M) 정회원 및 심사위원

전시회   개인전 43회 (루브르 까루젤, 갤러리 B.D.M.C., 갤러리 KENY, 몽테송 아트센터)
        국제전 46회 (프랑스, 미국, 그리스, 벨기에, 이태리, 스페인, 일본, 중국)
        국내전 455회 (한국미협, 창조회, 후소회, 신수회, 회토회, 목우회, 동질성회복전)

주요전   2020 / 프랑스 10년 기념전 / 프랑스 루브르 까루젤관
        2019 / The Light of the East 개인전 / 프랑스 루브르 까루젤관
        2018 / 길재단 초대개인전 / 인천수봉문화회관
        2018 / ART-SHOPPING 개인전 / 프랑스 루브르 까루젤관
        2017 / 갤러리 BDMC 초대개인전 / 프랑스
        2017 / ART-SHOPPING 개인전 / 프랑스 루브르 까루젤관
        2016 / 몽테송 아트 살롱전 초대개인전 / 프랑스
        2016 / 차세대 예술인의 축제 초대전 / 프랑스, 여성가족부후원
        2016 / 갤러리 KENY 초대개인전 / 프랑스
        2016 / 백운갤러리 초대개인전 / 서울, 백운갤러리
        2015 / MANIF 초대개인전 / 서울 예술의전당 한가람미술관
        2015 / 샤뚜 비엔날레 참가 / 프랑스 샤뚜
        2015 / 몽테송 아트 살롱전 참가 / 프랑스 몽테송
        2015 / 프랑스 국립살롱전 ART CAPITAL 참가 / 프랑스 그랑팔레
        2014 / 프랑스 국립살롱전 ART CAPITAL 참가 / 프랑스 그랑팔레
        2014 / 프랑스 국립살롱전 SNBA 참가 / 프랑스 루브르
        2013 / 프랑스 국립살롱전 SNBA 참가 / 프랑스 루브르
        2013 / 갤러리 COLUMBIA 초대개인전 / 프랑스
        2012 / ART-SHOPPING 개인전 / 프랑스 루브르 까루젤관
        2011 / 도불기념전 / 서울 인사아트센터

수 상
        2020 / 아트노믹스 갤러리 K 제휴작가 선정
        2016 / 프랑스 몽테송 미술협회 초대작가 선정
        2013 / 대한민국 선정작가 선정 / 미술과 비평
        2012 / 대한민국 글로벌 리더상 / 동아일보사
        2007 / 대전광역시 문화상 / 대전광역시
        2003 / 대통령 표창 / 대통령
        1994 / 한국미협 오늘의 작가상 / 한국미술협회
        1995 / 대일비호 문화대상 / 대전일보사

저 서   2021 / 프랑스 10년은 아름다웠다 (서울:서문당)
        2015 / 김석기 화집 (서울 : 서문당)
        2007 / 'KIM SEOK-KI' 화집 (대전 : 도서출판 대명)
        2007 / 화가와 함께 산으로 떠나는 스케치 여행 (서울 : 서문당)
        2008 / 화가와 함께 섬으로 떠나는 스케치 여행 (서울 : 서문당)
        2009 / 세계 스케치 여행 ① (서울 : 서문당)
        2009 / 세계 스케치 여행 ② (서울 : 서문당)

주 소   작업실 : 03308 서울특별시 은평구 연서로 48길 50-31
        전 화 : 010-9011-0498
        E-mail : ksk0004@hanmail.net
        홈페이지 : www.wskim.artko.kr

KIM, Seok-Ki (Woo-Song)

Biography

B.F.A. in Korean Painting, College of Fine Arts, Kyung Hee University
M.A. in Fine Arts Education, Graduate School of Education, Kyung Hee University
Former Lecturer & Professor of Fine Arts at Kyung Hee, Chungnam Nationa, and Hannam University
Member of Korean Fine Arts Association. Member of the KHU Alumni Association Board of Directors
Head of Atelier of Oriental Painting. APAM & Jury Member at Salon des Arts de Montesson in France

Exhibitions

43 solo exhibitions (Carrousel du Louvre, Gallerie BDMC, Gallerie KENY, Centre des Arts de Montesson)
46 international exhibitions (France, America, Greece, Belgium, Italy, Spain, Japan, China)
455 Korean Exhibitions

Major Exhibitions

2020 / The 43 Solo Exhibition/ Carrousel du Louvre, France
2019 / The 42 Solo Exhibition/ Carrousel du Louvre, France
2018 / The 41 Gil FDN. Invited Solo Exhibition / Subong Art Center, Incheon
2018 / Art Shopping Exhibition / Carrousel du Louvre, France
2017 / The 40th Invited Solo Exhibition / Gallerie BDMC, France
2017 / Art Shopping Exhibition / Carrousel du Louvre, France
2016 / The 38th Salon des Arts de Montesson Invited Solo Exhibition / Montesson, France
2016 / Youth Art Festival Invited Artist / Supported by Ministry of Women and Family, France
2016 / The 37th Invited Solo Exhibition / Galerie KENY, France
2016 / The 36th Invited Solo Exhibition / Baegun Gallery, Seoul
2015 / The 35th MANIF Solo Exhibition / Seoul Arts Center, Hangaram Art Museum, Korea
2015 / Participated in Biennale des Beaux-Arts de Chatou / Chatou, France
2015 / Salon des Arts de Montesson / Montesson, France
2015 / Art en Capital / Grand Palais, France
2014 / Art en Capital / Grand Palais, France
2014 / Salon SNBA 2014 (La Société nationale des Beaux-Arts) / Carrousel du Lourvre, France
2013 / Salon SNBA 2013 (La Société nationale des Beaux-Arts) / Carrousel du Lourvre, France
2013 / Invited Solo Exhibition / Gallerie Columbia, France
2012 / Art Shopping Exhibition / Carrousel du Louvre, France
2011 / Exhibition for celebrating a visit to France / Insa Art Center, Seoul

Awards

2020 / Invited to artnomics Gallery K / Artnomics
2016 / Invited to Salon des Arts de Montesson / L'association pour la promotion des arts Montesson
2013 / Selected as an Excellent Korean Artist by Art & Criticism
2012 / Selected as a Global Leader by Dong-A Ilbo
2007 / Won the Daejeon Culture Award / Daejeon Metropolitan City
2003 / Won the President's Award / President
1995 / Won the Daeilbiho Culture Award / Daejeon Ilbo
1994 / Won the Award for Best Artist Working Today / Korean Fine Arts Association

Publications

2021 / Beautiful France (Seoul: Seomundang)
2015 / A Selection of Paintings by Kim Seok-ki (Seoul: Seomundang)
2007 / A Selection of Paintings by Kim Seok-ki (Daejeon: Daemyeong Publishing Company)
2007 / Sketching Tour: Mountains (Seoul: Seomundang)
2008 / Sketching Tour: Islands (Seoul: Seomundang)
2009 / World Sketching Tour Vol. 1 (Seoul: Seomundang)
2009 / World Sketching Tour Vol. 2 (Seoul: Seomundang)

Contact Information

Atelier : 50-31 Yeonseo-ro 48-gil, Eunpyeong-gu, Seoul, Korea 03308
Phone : +82-010-9011-0498
E-mail : ksk0004@hanmail.net
Website : www.wskim.artko.kr

김 석 기
Kim Seok Ki

초판인쇄 / 2021년 9월 20일
초판발행 / 2021년 9월 30일

지은이 / 김석기
펴낸이 / 최석로
펴낸곳 / 서문당
주소 / 경기도 일산서구 가좌동 630
전화 / (031) 923-8258
팩스 / (031) 923-8259
창업일자 / 1968.12.24
창업등록 / 1968.12.26 No.가2367
등록번호 / 제406-313-2001-000005호

ISBN 978-89-7243-803-8
잘못된 책은 바꾸어드립니다.